日本人の国民性

神話とＤＮＡからの考察

目次

（一）はじめに

「自分は何者か」。

自分の出自を確認したいという欲求は、青春時代のだれにでも現れるものだと思われるが、私の場合は、高校時代にある百科事典を見たときがその現れのきっかけだったように記憶している。

そこには、日本語を言語学的にどのグループに所属させうるかは不明である、一番近いグループは、モンゴル語などが含まれるアルタイ語族であるが、その特徴である母音調和という現象が日本語にはほとんど見られない、などと書いてあった。

我々が日常使っている言葉は近隣の言葉との共通性がないらしいことを知り、日本人とは文化的に近隣から孤立している民族のようだ、と知った。

この発見は当時の私にそれなりの衝撃を与え、「自分は何者か」という問いが「日本人とは何者か。世界のほかの人たちとどこがどう違うのか」という疑問に姿を変えて、私の中に定着したのだった。

つまりこの疑問は、日本人の国民性とは何か、という問いにつながるものである。

「日本人の国民性とは何か」。

この命題の回答を求めるためには、日本人の成り立ちまで遡った考古学的な日本の歴史と、その間に培われた日本人の行動原理とを世界の他の人々のそれと比較しなければならない。

私はその後、青春時代に芽生えたこの作業を棚上げにして、体よく忘れようとしていたのである。大学を出て就職してからは、猛烈サラリーマンにならざるを得なかった、生活のためだと言い訳をした。

そしてまさに馬齢を重ねてしまったのである。

だが幸いなことに、一九七〇年代からＤＮＡを解析する学問である分子生物学が爆発的に発展し、それにつれて人類学、考古学も著しく発展していた。

この状況を知って、私は青春時代から抱いていた命題の解決に、新たな光が差し込んできたような気がした。

つまりその最新の成果によって、日本人が考古学的な人類史においてどのように生まれ、どのように育ったかを知ることができる。そしてその長い歴史の過程で生まれた様々な伝承の中に、人々がどういう行動規範をもって暮らしていたかが伝えられていて、それらははるか後世に神話として文字化され、現在に伝わっているはずである。

私が抱いた疑問の答えは、当然そこに存在するはずだ。

このような考えに基づき、「日本人の国民性とは何か」という命題に、

(1)神話と、

(2)地球上のあらゆる生物の設計図である遺伝子を書いている文字・DNA(デオキシリボ核酸)とを関連させながら、情緒的に迫ってみたいと考えるのである。

ただ私は有機化学を学んだ技術系の人間ではあるが、DNAを扱う分子生物学、人類学の分野については素人であり、遺伝子に刻まれているという民族集団差について、顔かたち等以外の、民族特有の行動規範の差も含まれるのかどうか、つまりある民族が長い歴史の中で培った他の民族のものとは違うその民族に独特な行動様式、これが民族集団差としてその民族の遺伝子にどのように刻まれているのか、あるいは刻まれていないのか、判断する能力は私にはない。情緒的と言ったのはこのためである。

だから本稿で使うDNAという言葉は、たとえば「創業者のDNAが生きている」とか「ものつくりのDNA」などと言うときのDNAに近いものかもしれない。

ただ人類学者・篠田謙一氏は、著書『新版　日本人になった祖先たち　DNAが解明

する多元的構造』の中で、「・・そもそも生物学的な概念であるＤＮＡや遺伝子を、私たちの社会が持つ概念である血筋や家系のアナロジーで語ることはできません。・・」と言っておられる一方で、

ＤＮＡの発現は環境にも影響されて変化するものであることが最近の研究で明らかになっています。この、ＤＮＡの変化によらない遺伝子発現を制御・伝達するシステムをエピジェネティクスと呼び、近年盛んに研究が進められています。

とも述べておられる。そして「ＤＮＡを交響曲の楽譜にたとえれば、エピジェネティクスは指揮者とオーケストラに相当します。」と例をあげておられる。

たしかにベートーベンの「運命」を、同じベルリンフィルで聞いても、カラヤンとフルトヴェングラーでは全く違う。演奏された環境の違いがあまりにも大きいといわざるをえない。

とすれば、本稿で使うＤＮＡという言葉は、エピジェネティクスなる領域での研究対象たるものを言っている、と捉えてもいいのかもしれない。

しかし、たとえばこういう事例はどうだろうか。

二〇一九年、中村哲医師がアフガニスタンで殺害されたという、日本人を仰天させた事件があった。

中村哲医師といえば、アフガニスタンの砂漠に緑をよみがえらせ、住民の食料危機を救った真にアフガニスタンのためを思ってなされた神のごとき無私、崇高な行動の主であり、日本人の誇りでもあったのだ。現地の人が涙を流して感謝している映像を見たこともある。

なぜそのような人が殺害されてしまうのか。

しかもその十年も前に、中村医師のＮＧＯに参加した日本人が、予告のように殺害されているのである。

この事件は日本人に対するある種の警告なのだろうか。つまり「無私の善意は世界のどこにおいても受け入れられる」という日本人の信念は誤りであり、それが通用しない世界もあるのだ、という警告なのではないだろうか。

警告を発しているのは、私は当のアフガニスタン人のＤＮＡであると思う。

評論家の高山正之氏は、この事件は、アフガニスタンを構成する主な民族のパシュトゥーン人の、徹底したよそ者嫌いという性格によるものである、と書いておられる（高山正之『昨今の日本の外交官はすぐ逃げる』月刊ＷＩＬＬ　二〇二一年一一月号）。

そしてこの性格は、昨日今日に形作られたものではなく、歴史上アレキサンダー大王のヘレニズム運動がアフガニスタンで止まったのも、そのとき導入されたギリシャ文化の建築物がいまはすべて考古学的遺跡と化しているのも、近代になってイギリス、ソ連、そして今回アメリカが追い出されたのも、彼らのこの徹底したよそ者嫌いという性格によるものだ、とされている。

高山氏のこの記事の主題は、アメリカのアフガニスタンからの撤退と中国の進出に関する見通しである。

実際に中国人を狙ったテロが現在横行している、として、

　彼らにはどんなに時間をかけても生物が異物を排出するように、よそ者は必ず追い出す。しかもアジア系のハザラ人らモンゴロイド系には嫌悪を隠さない。・・・よそ者嫌いのパシュトゥーン人のことだ。そしてタリバンの九九％は彼ら流にゼノフォビ

ア（外国人嫌い）を隠さない。それが過去、英国もソ連も、そして今回の米国も追い出してきた。中国人が例外になる気配はどこにもない。

と結んでおられる。

この事例は、長い歴史の中でパシュトゥーン人のＤＮＡに突然変異が起きたことによる発現とみるべきだろうと私は思うのだが、ＤＮＡの変化によらない遺伝子発現・エピジェネティクスの例だろうか。私は前者と思いたい。つまり長い歴史の中で培われた国民性というものはその民族のＤＮＡに刻んであると思いたいのだが、残念ながらその根拠を示す能力は私にはない。だから重ねて言うが、情緒的と言ったのはこのためである。

また篠田氏は前述書で

設計図なのですからさぞやキチンと書かれているかと思うのですが、実際にはそうではなく、働きがわからないＤＮＡ配列が大量に存在しています。・・・設計図として・・遺伝子発現の調節を行っている部分を含めて、何らかの機能を持つと予想されるＤＮＡ配列は、今のところ40％程度しかありません。しかしそこに本当に意味がないのか、あるいは私たちが理解できていないだけなのかは、現時点ではわかっていませんせん。明確なのは、私たちは自分自身が持つＤＮＡについて、それほど多くのことを知っているわけではないということです。

と言っておられるので、これを幸いに、私の情緒的表現も許される余地は充分あると思うのである。

なお考古学者の崎谷満氏が、『新日本人の起源　神話からＤＮＡ科学へ』という書を、勉誠出版（株）から二〇〇九年に出版しておられる。題名からみて、本稿の先行研究かと思い、拝読してみた。だが神話についての具体的な記述がほとんどなく、またすでに絶版となっているので、取り下げられたのだと解釈している。

（二）DNA（デオキシリボ核酸）と、DNA研究から見えた人類史概略

本稿を進めるに当たり、まずＤＮＡというものの概略を説明しておかねばならない。ＤＮＡとは、「地球上のあらゆる生物の設計図」といわれている。

そもそも生物が地球上に誕生したのは、いまから約三十八億年前のことである。四十六億年前に地球が原始太陽系の中に生まれてから、八億年後のことである。その最初の生物は、海の中に生まれた小さな単細胞生物だったという。

その生物が生まれるまでの間、様々な生物様のものが、生物としての必要条件ともいうべき増殖機能を獲得すべく、夥しい試行錯誤を行なっていたはずだ。この間、何億年という時間が必要だったに違いない。現今の生物が持っているＤＮＡのまさに絶妙ともいえる増殖機能が、一朝一夕にできあがったとはとうてい思えないからである。

そして最初の生物として名乗りを上げたのは、現今の生物のＤＮＡに繋がる、そのはるか前身ともいえる設計図に最初にたどりついたものであったに違いない。

ただこの推定は、なぜ原始地球に海ができたかとか、なぜ地球が身分不相応に大きな月という衛星を持っているのかというような疑問の答えとしての推定と同じレベルに属するものである。実験で確かめることができないことなのだ。
だから地球が水の惑星といわれるようになる運命に関して、たとえば彗星の正体は氷の塊だ、というような傍証を多く集めなければならないのである。

従って私には、小惑星「りゅうぐう」から持ち帰った砂の中から、アミノ酸が二十種ほど検出されたという最近のニュースが妙に印象的に聞こえるのである。さらに同じ砂をX線を使った分析や電子顕微鏡による観察で、水を含む粘土鉱物の内部に「ひも状の分子構造の有機物が大量に見つかった」とある。これは聞き捨てならないことであって、ひも状の有機物の正体を早く知りたいと思うのである。ひょっとするとこれは、後述するＤＮＡの基本単位であるヌクレオチドあるいはその重合体ではないのか。生命の起源が何十億年か前の宇宙に存在したなにかから発見されるのではないかと期待している。

ともかく、最初の生物が生まれて以来、地球上に次々に現れたどの生物も、同じ基本原理で作動する設計図に基づいて生きてきた。その設計図がＤＮＡなのである。
そして最初の生物がそのとき得た増殖機能は、生物の生物たる条件として、子孫を残すというあらゆる生物の最も基本的本能として、今に存続しているのである。つまり動植物はもちろん微生物も、生物と無生物の境目にいるというウィルスでさえ持っている最も基本的本能である。この機能は当然ながら、ＤＮＡに刻みつけられていることだろう。

そしてそのＤＮＡは突然変異を繰り返し、それが生物の進化を促した。

魚類のような多細胞生物が生まれるのは、それから十億年後のいまから二十八億年前、陸上に哺乳類が誕生するのは、いまから六千六百万年前だという。


ＤＮＡは生物の設計図と説明してきたが、図面ではなく、文字による設計文書である。ＤＮＡの実態は高分子物質という範疇に属する化学物質である。

高分子物質とは、ある単位となる物質が多数結合して成る物質で、自然界にある例としてたとえば植物の幹を構成するセルロースは、グルコースという単位が多数直線状に結合して成るものである。また人体を構成するタンパク質は二十種類のアミノ酸という単位が多数結合した高分子物質である。

これらと同じように、ＤＮＡはヌクレオチドという単位が多数結合した高分子物質である。

そのヌクレオチドひとつひとつが、設計文書を構成する文字に相当する。

ただしその文字の種類は、すべての生物に共通して四種類しかない。つまり地上のすべての生物の設計文書を書いている文字は、わずか四種類しかない、ということである。

言い換えれば ＤＮＡとは、四種類の文字の羅列である。

そして羅列の長さは生物によってちがう。

たとえば人類の ＤＮＡ の場合は、三十億個ほどのヌクレオチドが直線状に結合しているから、三十億字ほどの四種類の文字の羅列ということになる。四百字詰めの原稿用紙に換算すると、約七百五十万枚か。

三十億個も構成単位が結合した高分子物質というものは、人間の想像を絶するものである。

なぜなら人間が作った高分子物質・例えばポリエチレンは、エチレンという基本構造単位が一万個くらい繋がっているにすぎないのに対し、三十億個という数字はまさに半端ないといわざるをえないからだ。人智などとうてい及びもつかぬというほかはない。

では設計文書たるＤＮＡには、いったいなにがどう書いてあるのだろうか。

端的にいえば、タンパク質の設計文書である。

タンパク質は筋肉になり、また体内の化学反応の場としての酵素でもあり、生物の活動を左右するホルモンであり、生物にとって極めて重要な物質である。その設計文書なのだ。

私が学生だった約六十年前は、理論物理学者のジョージ・ガモフが提唱した仮説を証明しようとして、いろいろな試験が行なわれていた時代だった。ＤＮＡの働きがまだわかっていなかったのだ。

ガモフの仮説は、ＤＮＡの四種類の文字のうち連続する三字が一つのアミノ酸をコードするという仮説であった。やがてこの仮説は正しいことが証明された。

つまりある種のタンパク質が体内で酵素やホルモンとして所定の働きをするためには、必要なアミノ酸がタンパク質の分子中で指定されたように順序ただしく並んでいなければならない。ＤＮＡにはその指定が書いてあるのである。

また同じころ、ＤＮＡは、立体空間中では二本まとまってらせん構造をとって存在していることが発見された。

この発見により、Ｊ・ワトソン、Ｆ・クリック、Ｍ・ウィルキンスの三人に、ノーベル医学生理学賞が与えられたのは一九六二年のことである。

その後今日に至る時間に行なわれたＤＮＡに関する様々な研究は、世界中でまさに驚異的にめざましく進んだ。

同時に、ＤＮＡについて世間の関心もレベルがあがってきた。

その象徴が一九九三年公開のスティーブン・スピルバーグ監督の映画・「ジュラシック・パーク」であろう。

原作は一九九〇年出版のマイケル・クライトンの小説で、樹脂の化石である琥珀《こはく》の中に閉じ込められた蚊の腹部から、その蚊が吸った恐竜の血液を抽出し、その血液中に存在した恐竜のＤＮＡを分離する、ということから話が始まる。その欠損部分をカエルのＤＮＡで補完し、それをワニの未受精卵に注入することで、恐竜を再生させる、としている。

もちろん現実問題として、恐竜のＤＮＡの抽出は時代が古すぎて不可能ということであるが、そこは小説・映画の世界である。抽出したＤＮＡから恐竜本体が誕生してやがて自己増殖を始め、ジュラシック・パークは恐竜があふれて制御不能な状態に陥る。恐怖のＳＦのはじまりだ。興業成績も極めてよかったという。

では人類のＤＮＡは、人体のどこにどのように存在するのだろうか。

前述のようにＤＮＡは非常に長い分子であるが、人体に約三十七兆個あるといわれる細胞の一つ一つの細胞核の中に、絶妙に折りたたまれて存在している。細胞は役目が終われば分解され、死滅するが、常に新しい細胞と入れ替わっている。新しい細胞には新しいＤＮＡが複製されて同じように核の中に存在している。

ＤＮＡはこのように常に寸分違わず複製されながら存在しつづけているのである。つまり人体の中には膨大な数の設計文書のコピーが存在し、しかもそれが日々死滅し、膨大な量が日々複製されているのだ。

具体例をあげると、少々きたない話だが、我々が毎日排出している大便の中には、もちろん消化しきれなかった食べ物のかすも含まれているが、腸内フローラの生きているものと死骸のほか、役目を終えた腸壁細胞の分解物が皮膚のアカとして大量に含まれているのである。腸という器官は食物からの栄養素を効率よく吸収するために襞《ひだ》が発達しており、人間の成年男性の小腸の壁を伸ばしてみると、面積はおよそ二百平方メートル、テニスコート一枚分くらいあるといわれている。従って死滅した皮膚のアカもまた半端ない量であって、もちろん新たに生まれた腸壁細胞も膨大だ。その核の中に複製されたＤＮＡがあり、新たに役目を果たしているのである。

また我々の細胞は、ＤＮＡを収納する細胞核のほか、細胞質からできているが、細胞質の中に、ミトコンドリアという細胞にエネルギーを供給する小器官が、一つの細胞に数百個ほど、心臓の筋肉細胞などエネルギーを大量に必要とする細胞だと数千個も含まれている。

ミトコンドリアは、細胞核内のその生物本体のＤＮＡとは異なるはるかに小さな、約一万六千五百字から成る環状のＤＮＡを持っている。ミトコンドリアはもともと別の生物であったものが、太古のむかし、取り込まれて現代にいたっているのだ、といわれている。

そして自分のミトコンドリアは母方からのみ受け取る母系の遺伝だ。なぜかというと精子のミトコンドリアは尾部にあり、受精するとき精子の尾部は切り離されてしまうためだ。だから父方のミトコンドリアの情報が子に伝わることはない。

ＤＮＡの複製の際、ごくまれに複製ミスが起きる。

これが突然変異といわれるもので、複製ミスが起きた以後は、ＤＮＡは変異したものに姿を変えて存在しつづけることになる。

人類は長い歴史の中で、細胞核内のＤＮＡやミトコンドリアのＤＮＡに、多くの突然変異を蓄積してきたのである。
この突然変異を逆にたどっていけば、人類の祖先に行き着けるのではないか、というアイデアが生まれた。そして古代の人骨試料にＤＮＡが残っているという報告がなされるに至って、過去をＤＮＡレベルで正確に復元しようという研究が行なわれるようになった。

初期の研究では、大量の試料を集めるのがたいへんだった、という。
「この状況を一変させたのは、・・」と篠田謙一氏は前述書『新版　日本人になった祖先たち　ＤＮＡが解明する多元的構造』の中で語る。

この状況を一変させたのは、１９８５年にキャリー・マリス（アメリカ）によって発見されたＰＣＲ法（Polymerase Chain Reaction method）でした。ＰＣＲ法は極めて微量のＤＮＡの溶液のなかから、自分の望んだ特定のＤＮＡ断片だけを選択的に増幅することができる技術です。この方法を用いれば、試料に大量のＤＮＡが残存している必要はなく、ごく少量のＤＮＡを、通常の分子生物学の解析に必要な量まで増幅させることが可能なのです。

キャリー・マリスは、ＰＣＲ法の開発で一九九三年度のノーベル化学賞を受賞することになった。

ＰＣＲ法。

そう。新型コロナウィルス禍で、延べにすればおそらく世界で何千億人という人々がお世話になったあのＰＣＲ法である。

化石の人骨試料をＰＣＲ法にかけてみると、もし「陰性」ならば考古学上の話は進まないのだが、結果は「陽性」であり、ミトコンドリアからのＤＮＡが浮上してきた。

ミトコンドリアのＤＮＡは非常に小型なので、化石の中でも破壊されずに残っている可能性があることが示された。

突然変異を起こしやすいいくつかの部分があることがわかり、その突然変異の蓄積状況も調べられて、グループ分けされた。(これを「ハプログループ」と言い、分子生物学上のキーワードである。)

そして突然変異に由来するミトコンドリアの多様性に関する研究結果と合わせ、その突然変異を逆にたどることによって、人類がどこで生まれ、どのように拡散してきたか、がわかってきた。

そして、現生人類（新人、ホモ・サピエンス）は今から二十万から十四万年前にアフリカで誕生したという結論に到達した。

ミトコンドリアは前述のように母系遺伝であるので、人類の総祖母は、アフリカにいた一人の女性とされたのである。「イブ仮説」として有名な伝説が誕生した。

ただしミトコンドリアは母系しかたどれないので、父系をたどるには男性を作る遺伝子を含むＹ染色体を追わねばならない。Ｙ染色体のＤＮＡはミトコンドリアのそれよりはるかに大きいので、技術的には格段の困難さだったといわれるが、それでも父方のＹ染色体の分析からは、現生人類の誕生はいまから約九万年前と推定されている。

そして、八万年から六万年ほど前、ホモ・サピエンスの一部はアフリカを出て、世界への拡散を始めたことがわかった。

これを「出《しゅつ》アフリカ」といい、ナイル川を下って北アフリカに進出するルート、エチオピアやソマリアの海岸からアラビア半島を抜け、南アジアに達するルートと、出《しゅつ》アフリカのルートはこの二つだと考えられている（篠田謙一『前述書』）。

これに関連して、篠田氏はさらに次のように語る。

出アフリカが起った時期には、40ほどのミトコンドリアＤＮＡの系統があったと考えられています。長い期間、アフリカの中で生活していた私たちの祖先は、多くの地域集団に分化していました。そして、そのなかのたった2つの系統に属する人たちだけがアフリカを旅立つことになったのです。

私たちの祖先がアフリカを旅立ったとき、世界には私たちと異なる人類が生存していました。ヨーロッパにはネアンデルタール人が、東アジアには北京原人の子孫が、そして東南アジアにはジャワ原人の子孫たちが住んでいたのです。私たちの祖先はやがて世界の各地で、これらの人々と出会うことになり、時には交雑によって彼らの遺伝子を取り込むことになりました。

出《しゅつ》アフリカを始めた人類の一部は、いくつかのルートを経由して日本列島にもたどりついた。

旧石器時代人である。いまから三万八千年前のことだ、という。

関裕二氏は、

旧石器時代人は、ムラを作り、家を作っていたといったが、その証拠の一つが赤城《あかぎ》山麓の下触牛伏《しもふれうしぶせ》遺跡（群馬県伊勢崎市）で、三万五〇〇〇年～二万八〇〇〇年前のムラだ。・・・そしてこのあと、旧石器時代人が土器を手に入れ、縄文人となっていく。と書いておられる（関祐二『「縄文」の新常識を知れば日本の謎が解ける』）。

篠田氏も前述書で、縄文人の成立について述べておられるが、まずその議論の前提となる縄文人のＤＮＡ解析について、ミトコンドリアＤＮＡだけではなく、細胞核のＤＮＡ解析も含めた結果を次のように示される。

北海道の最北端に位置する礼文《れぶん》島には10カ所以上の縄文時代の遺跡があります。そのなかのひとつの船泊《ふなとまり》遺跡では、・・・大量の文化遺跡とともに28体の人骨が発見されています。私たちの研究チームは、その中の２体の人骨からＤＮＡを抽出し、次世代シークエンサという、大量のＤＮＡ配列を一度に読み取ることのできるマシンを使って解析を行いました。その結果、そのうちの１体、40歳代の女性ではその全ゲノムを現代人と同じレベルの精度で決定することができました。

そして篠田氏はこの女性のデータを使ってアジアの現代人集団との類縁性を調べ、縄文人の成立について次のように結論的に述べておられる。

その結果、現代人の集団でこの縄文人とある程度の近縁性を示したのは、アイヌ、琉球、本土日本という日本列島の集団に加えて、朝鮮半島の人たちや台湾や沿海州やカムチャッカの先住民でした。一方、いわゆる漢民族との間に類縁性は認められませんでした。このことは、東南アジアから初期拡散によって北上した集団の中で沿岸地域に居住した集団が縄文人の母体になった、と考えると説明がつきそうです。初期拡散で東アジアの海岸線に沿って北上したグループが、台湾付近からカムチャッカ半島に至るまでの広い沿岸線に定着し、その中から日本列島に進出する集団が現れたのでしょう（篠田謙一『前述書』）。

またその年代については、

縄文人は現代日本人や漢民族集団とは異なる遺伝子構成をしていることがわかるでしょう。これは縄文人の祖先集団が他の集団と非常に古い時代、恐らく東アジアにホモ・サピエンスが進出して間もない時期に分かれた可能性があることを示しています。

とされ、その具体的な時期については、

ミトコンドリアDNAのハプログループの成立年代からは、縄文人につながる人たちの日本列島への進出は、西から入ったM7aが3万～2万年前、北からはやや遅れてN9bが2万年前以降だったと推定されますので、この頃に日本列島に到達した人々が後の縄文人の母体になったと考えられます（篠田謙一『前述書』）。

とされている。

（三）縄文時代と弥生時代

日本の古代史を彩る華麗な謎、縄文時代はこうして始まった。

前述のように、関祐二氏は、約三万八千年前に日本にたどりついた旧石器時代人がそのまま縄文人になったと書いておられるが、時代が明確に測定された結果からは今から少なくとも一万五千年前だという。青森県外ヶ浜町の大平山元《おおだいやまもと》遺跡から出土した土器内部に付着した炭化物の年代測定で、今から約一万五千年前に遡る測定値が出たからだ。

それにしても日本列島にはずいぶん古くから人が住み続けていたのである。

そして三千年前に水田の稲作技術を持った渡来人が来るまでの一万年以上の間、縄文人は縄文文化を進化させてきた。一口に一万年というが、それがどれほど永い時間か、想像するのも難しい。

小林達雄氏は縄文時代の進展にはいくつかの画期があるとして、次の七項目をあげておられる（小林達雄『縄文文化が日本人の未来を拓く』）。

第1は、土器を製作して食物の煮炊きに用いることによって、食料対象物が拡大されたこと。これによって旧石器時代の経済から縄文経済への展望が約束されたのです。

第2は、貝塚形成の開始です。食料が陸上のみから、海水産資源にも及び、さらに食料対象が拡大されたことです。

第3は、アク抜き技術の獲得。特に大粒のトチの実については、縄文前期か少なくとも中期に定着した重要な食用化の技術開発です。

第4は、可食植物の一部栽培管理選択の定着。

第5は、イノシシの飼育の定着。

第6は、呪術、儀礼にかかわるところの、いわゆる第二の道具の出現です。

第7は、食料の対象物などと、それを取り巻くほかの自然の要素との関係を正確な知識として蓄積することによって、食料獲得がスムーズに行われていったことです。

このことによって、特にすべての行動の年間スケジュールが計画的にリレーされる縄文カレンダーの完成へとつながっていくわけです。・・・そしてこれは、自然を克服しながら発展してきたということを決して意味するのではなく、まさに自然環境への〈適応を深めていった歴史〉なのです。

縄文人は、狩猟、漁労、採集の生活をしていたにもかかわらず、定住を始めた。

男は狩猟、漁猟、女は採集を分担した。そこは核家族であり、縄文の孫たちは、働けなくなって家にいる祖父母たちからしつけを受け、いろいろな縄文の知識を教わったのだ。

たとえば

ゼンマイは日陰を好み、ワラビは日向を好む。・・・定住するようになって、・・・いつ頃になれば、芽が出るといった季節のつながりまで頭に整理されるようになります。・・それらのことを情報として記憶するためには、全部を言葉で名づけしていかないといけません。・・それらを情報として蓄えることで食糧事情が充実、発展していくわけです。・・・この関係が一万年以上つづきます（小林達雄『前述書』）。

縄文の孫たちはこのような環境の中で、人の身近な生と死を幾度となく実体験し、人とは何かを学んだに違いない。そして自らの死をもって、孫たちにそれを伝えたのだ。

彼らが作り始めた土器、土偶のうち、現在国宝に指定されているものが六点ある。

二〇一八年七月三日から東京の国立博物館で行なわれた特別展「縄文―一万年の美の鼓動」で、展示されたこれら国宝を見ながら私は大きな疑問を抱く。

国宝土偶「縄文のヴィーナス」、同じく国宝土偶「縄文の女神」、同「仮面の女神」に、一体なぜ顔がないのか。

さらに国宝「火炎型土器《かえんがたどき》」は、あれは一体、中の液体が飲めないマグカップなのか。

芸術家の岡本太郎さんが、東京国立博物館で火炎型土器に出会い、「これは芸術だあ！」と仰天した話は有名だ。昭和二十六年のことだという。岡本さんはその後、カメラを片手に全国の博物館に足を運び、縄文芸術の発見を次々に発信された。

小林達雄氏は岡本太郎さんの功績について、次のように述べておられる。

　それが各方面に大きな衝撃を与え、それまで美術品として見られることのなかった縄文土器や土偶が、日本美術史の最初のページに書き加えられることになったのです

（小林達雄『前述書』）。

また国宝「火炎型土器」に、複雑な芸術的付属装飾が付けてある意味について、小林達雄氏は次ぎのように語っておられる。

　縄文土器は大げさな飾りを持っているというふうにみんな言いますが、私はあれは

飾りではない、物語を表現していると以前から言っています。・・・・神話のようなストーリーを火炎型土器にこめて伝えていたのかもしれないし、自分たちがどこからやって来たのかという、アイデンティティーにかかわるストーリーかもしれません。もちろん私たちは縄文人ではないのだから、どういう内容だったかなんて、分かりようがありません。

しかし、縄文火炎型土器はそのようにして物語を表現していると考えれば、発掘された地点（遺跡）は違うのに、全く同じモチーフが付いていることの説明にはなりません。縄文土器は、機能性を考えて作られていませんから、共通の飾りが必要なわけではないのですから（小林達雄『前述書』）。

また「縄文のヴィーナス」、「縄文の女神」、「仮面の女神」になぜ顔がないのかという疑問については、小林氏はこう述べておられる。

土偶は女性でも男性でもなく、縄文人がヒトとしての己が身を写したものではありません。おそらくは、ヒトとは別の存在のイメージだった蓋然性《がいぜんせい》が高い。それこそはほかでもない何かしら縄文人の観念世界に跳梁跋扈《ちょうりょうばっこ》するナニモノカ（精霊）の仮の姿だったのです。

縄文世界に初めて登場した最古の土偶が、ヒトには不可欠な頭や顔のない形態から出発して頑なに中期まで維持し続けた不思議な理由もここに潜んでいます。

もし縄文人が、己が姿形を本気で表現したいのであれば、あの縄文土器の優れた作品を創造した造形力をもってすれば、全く造作ないはずです。しかし実際には、圧倒的多数の土偶にそれだけの潜在力の片鱗すら見せないのは、特別な理由があったからにほかなりません。・・・・・ヒトではないのに、顔を表現することでヒトに接近することを避けるために、どうしても顔は表現してはならなかった。いや、できなかったと言うべきでしょう。縄文人の表現したかった精霊は、動植物や山や岩や泉などのそれぞれに精霊がいるというアニミズム、「草木みなものいう」日本的神道思考につながっています。

小林氏が本当に言いたいことは、縄文時代は日本文化の根底をなすものを育んだ時代であって、そのとき刷り込まれた文化的遺伝子は現代につながっている、ということである。

ハラにおける1万年以上もの自然との共存共生を通じて刷り込まれた文化的遺伝

子が、コトバに込められて、弥生、古墳時代から古代、中世を経て近現代まで継承されてきているのです。それが神道的世界観、日本人の言動のはしばしに見え隠れしています（小林達雄『前述書』）。

と、端的に述べておられる。

その文化的遺伝子の根底に、縄文人独特の空間認識（スペースデザイン）があるとされる。

その空間認識とは、山、とくに富士山や三輪山などの左右対称の山に霊性を見いだし、その山頂に二至二分（夏至、冬至、春分、秋分）の日の出、日の入りの太陽がぴったり乗って見える地点を探し当て、そこにムラを築いたり、ストーンサークルなどの記念物を造営したりしているという、まさに驚くべきものであった。

そして、古代に至り、仏教の侵入に際してその聖地に神社を建てることにより、それまでの世界観が神道という宗教的レベルまで止揚され、同時に仏教との共存を可能にしたのだ、と小林氏は述べる。少し長いが、前述書より引用する。

神社は言うまでもなく縄文時代にはありません。弥生、古墳時代にもありません。

それは古代に新しく登場したものだからです。

その契機は、中国伝来の仏教の力とその影響に関係しています。仏教は日本の風土には絶えて見ることのなかった高邁《こうまい》な宗教的思想の侵入です。しかも寺院の建立を伴って急速に普及し、土着の思想を圧迫しました。とりわけ縄文以来の環境世界に割り込んできた新顔の寺院は目立ち、のさばり、風景を変えさせるほどの力を発揮しました。変化をもたらす違和感はそのまま容認し得るものではなく、解消あるいは緩和しようとする対抗意識をかき立てずにはおかなかったはずです。伝統的土着思想への回帰を促し、具体的に神社建立へと働いたとみることができます。

そうした神社の建立は、新たに探し求められたのではなく、それまでの伝統的な精神世界の中に定着し、維持されていた由緒地こそふさわしいものでした。そこは、これまで見てきたような山を仰ぎ、二至二分とも同調する特別な土地、聖なる場所です。そこは人の生活舞台と精霊の世界との結界を意味し、神社はその標識《シンボル》となったのです。

神社という新しい装置によってあらためて土着思想の主体性を確立し、仏教の風潮に飲み込まれることから逃れた。少なくとも仏教の一方的な蹂躙《じゅうりん》をすり抜けて、共存共生の道行きを実現したのです。・・・・

そして、ついに独自の教義の発達よりは魂を持つ草木をはじめとする万物、すなわち八百万《やおよろず》神と共存共生する神道的心に沈潜し、日本的心の形成の基層となったのです。このことが仏教との正面衝突を避け、あるいは仏教と競合することなく、今日に至るまで仏教との共存を可能にしたのだと思います（小林達雄『前述書』）。

次に縄文人の容貌、外貌について述べたい。
篠田謙一氏は前述書で、

縄文人は上下に寸が詰まって幅が広く、眼窩《がんか》と呼ばれる眼球を入れる部分が四角い形をしています。そして眉間《みけん》や鼻骨の隆起が強くて全体的に立体的な顔立ちをしています。平均身長は男性で158センチ、女性で148センチ程度と低いのですが・・・

と述べておられる。

そして北海道・礼文島の縄文遺跡で発見し、その全ゲノムを現代人と同じレベルの精度で決定し得たといわれる四十歳代の女性の、復顔像を示しておられる。明らかに現代日本人と同じモンゴロイドの顔だ。コーカソイド（白人の系統）ではない。

そこに示された復顔像は、しかし、日本のどこにでもいるようなおばさんの顔だ、というには、ほんのすこしだが、違和感がある。

これは当然のことであって、この人は縄文人のおばさんだからである。

いま日本のどこにでもいるおばさんは、後ほど詳述するが、縄文人と大陸からの渡来民がその後混血して生まれた日本人のおばさんだからである。

篠田氏は、縄文人の男性の復顔像は示しておられない。

男性については、全ゲノムを現代人と同じレベルの精度で決定することができていないのである。それを行うには化石からＤＮＡを抽出しなければならないが、相手は細胞がすでに破壊されている化石である。

現在の技術をもってしてもＤＮＡの抽出は極めて難しいのだ。篠田氏もそれを重ねて述べておられる。

どうしても縄文人男性の復顔像、あるいは容姿、外貌が知りたいとすれば、北海道には弥生文化は入らなかったという考古学的事実から類推するほかはない。

北海道の縄文人は弥生人にはならずに縄文人であり続けたのである。

彼らは自分たちをアイヌ（ひと）と呼んだ。

ただ、私の妄想を述べれば、この呼称は一万五千年以上前に定住を始める以前の旧石器時代にすでに使いはじめていたのではないだろうか。つまり自分たちは「ひと」であって、シカやクマなど動物とは違うのだ、という明確な意識があったのではないかと考える。


縄文人の男性の容姿、外貌を知るには、イザベラ・バードの紀行文が参考になる（『イザベラ・バードの日本紀行』）。

明治十年（一八七七年）に来日した彼女は、この本にアイヌの自筆のスケッチを残しているからだ。

それによると、アイヌの男性は毛もくじゃらで、ひげは伸び放題である。


「多毛のアイヌ」と呼ばれてきたこの未開人は、鈍くて、温和で、気立てがよくて、従順である。日本人とはまったく異なった民族である。肌の色はスペインかイタリア南部の人々に似ており、顔の表情や礼儀・好意の表し方は東洋的というよりむしろ西洋的である。

と彼女は前述書で述べている。

この時期、オーストリア公使館の医師・博物学者であったハインリッヒ・フォン・シーボルトのよって説かれた「アイヌ白人説」があった。アイヌはヨーロッパ人の最も古い祖先であるというこの説はヨーロッパ世界に大きな影響を及ぼし、各国の博物館がアイヌ資料の収集に乗り出したことがあった。

イザベラ・バードが日本に来たのは、この「アイヌ白人説」を確認しようという目的もあったのだ。彼女はこのときの旅で、白人説を是認している。

なおアイヌ白人説については、後章で触れたい。

そして、大陸から稲作技術を持った人たちが日本列島にやってきた。

縄文時代の次の弥生時代の到来である。

稲作の開始と定義されている弥生時代が北部九州において始まったのは、今から三千年前ころである。従来は二千五百年くらい前とされていたのだが、最近の研究によって、弥生時代の始まりは五百年ほどさかのぼることになった。

もちろん列島全体が同時に、狩猟採集を中心とする縄文時代から弥生時代の農耕社会に一挙に移行したわけではない。長い間まだら状態が続いた。

そのせいか、弥生人といわれる人々の容貌、外貌については、多様であるようだ。篠田氏は前述書で、九州の弥生人について、西北九州の弥生人は形態的に縄文人の姿形をしているので縄文系統の人々であり、北部九州の弥生人は平均身長で縄文人より５センチほど高く、顔貌ものっぺりとした面長で、縄文人とはかなり違った姿形をしているので、朝鮮半島や中国の江南地方から水田技術をもたらした人たちだ。また南九州の弥生人は、鼻根部とその周辺は縄文人的だが、顔はさらに上下に短く、後頭部が扁平な特異な形状をしている、とされている。

そして日本人（とくに本土日本の集団）の成立のシナリオについて、次のように述べておられる。

縄文人が持つＤＮＡは、今では世界中を見わたしても存在しない特殊なものでした。そして弥生時代以降における大陸からの渡来民は、縄文時代に蓄積したＤＮＡのプールに特に大きな影響を与えました。本土日本の集団は、この弥生時代以降に渡来した集団と在来の集団の混血によって成立していったのです（篠田謙一『前述書』）。

こう言われる一方で、

日本人の起源を考える際に、縄文と弥生の違いだけを問題にしてきましたが、今後は、弥生の始まりから古墳時代までの、１０００年以上にわたるスパンでの集団の混合について考える必要があります（篠田謙一『前述書』）。

と言われ、次のように結論つけておられる。

本土日本に限って言えば、日本人の遺伝的な構成に関しては古墳時代までが変動の時代だということになるのでしょう。そこまでの遺伝的な変遷を描き出すことができれば、本土日本人の成立のシナリオはほぼ完成することになります（篠田謙一『前述書』）。

ここで、注意しなければならないことは前述のように、北海道には大陸から渡来した集団が持ち込んだ水田技術は入らなかったということである。

つまり北海道は依然として縄文文化の世界であったが、本州以南はまだら状態から徐々にではあるが弥生文化に移行が進んだのである。

本州の最北の地・青森県には弥生時代の遺跡があるのに、北海道にはない。

だから本土日本における弥生時代に相当する時代を、北海道では続縄文時代という。


なぜこういうことが起ったのか。

北海道と本州の間に、ブラキストン線と呼ばれる動物相の分布境界線があることはよく知られている。ヒグマ、ナキウサギなどの南限、ツキノワグマ、ニホンザルなどの北限である。イノシシはもともと北海道にはいない。

イネは南方を原産地とする植物であるがゆえに、ブラキストン線が植物相でも分布境界線であったのだろうか。

幾分かはそうであったかもしれない。しかし私は、単に道南地域の土壌は火山灰地で水はけがよすぎて、水田には適さなかったという理由だけだったのではないかと考える。

その証拠に、はるか後世の明治維新後、道南地域に入植した旧尾張藩の藩士などは、水田ができずコメが採れなくて苦労したのである。だから彼らの入植地・八雲村（現北海道二海郡八雲町）は、いまでも漁業と酪農の町だ。

伊達紋別に入植した伊達藩の藩士たちも、イネができず苦労したのである。今では、品種改良もあって、上川盆地などは穀倉地帯として有名だ。

当時も水田さえできればイネはできたのだと思われる。それができなかったのは単に地質が適さなかったというだけの理由ではないかと、私は考える。

だから北海道の縄文人たちは、依然として縄文人であり続けた。

さてここで、縄文人は一万年もの長い間、意思表示の手段としてどういう言葉を使っていたか、知りたいと思うのである。

大陸からの渡来人との接触、混血により、それがどのように変わったか、それが現代の日本語とどのような関係にあるのか、それが本稿の冒頭に述べた現代日本語の帰属の問題の答えとなると思われるからである。

考古学者で北海道旭川市の博物館長である瀬川拓郎氏は、著書「アイヌと縄文」の中で、

日本列島の縄文人が、隅々まで同一の祭祀や呪術という精神文化を共有していた事

実は、かれらのなかに濃密なコミュニケーションが成立していたことを示すものです。そのことはまた、かれらの言語が「縄文語」という共通言語であった可能性を示しています。

と述べておられる。

縄文語とはなにか。瀬川氏は、言語学者・松本克己《かつみ》氏、A・ヴォヴィン氏の説を紹介しながら、次のように述べておられる。

松本は、このような独自に分類した世界中の言語について、その成り立ちをY染色体の分析によって描かれてきた人類の「出《しゅつ》アフリカ」後の移動の足跡と重ねあわせ、説明しています。それをくわしく紹介する余裕はありませんが、北方群の日本語、アイヌ語、朝鮮語、ニヴフ語は、旧石器時代にこれら地域に到達した人類の、「出アフリカ古層A型」とされる古いタイプの言語に由来するとしています。……

いずれにせよ、松本の見解に従えば、縄文人の話していた言語は、日本語、アイヌ語、朝鮮語、ニヴフ語の祖語である出アフリカ古層A型の、より原型に近いものだったと考えることができそうです。そして縄文人の形質やDNAにもっとも近い特徴をもち、実際に縄文文化の伝統をうけついでいたアイヌの言語こそ、東アジアの出アフリカ古層Ａ型の原型にもっとも近い言語であった可能性が浮上してくることになるのです（瀬川拓郎『前述書』）。

さらに言語学者・Ａ・ヴォヴィン氏の説によれば、として、次のように結論付けておられる。

したがって、ヴォヴィンのいうアイヌ語とは、日本列島の全域で暮らしていた縄文人の言語ということができます。

ならば日本語はどうか。これもヴォヴィンの説に従うと、として次のように述べておられる。

古代日本語は、このような日本列島の基層言語としての縄文語＝アイヌ語が、弥生時代に渡来してきた人びとの言語と接触し、クレオール（融合した言語）として成立した可能性が考えられることになります（瀬川拓郎『前述書』）。

さらに、

弥生時代以降の古代の日本列島には、言語からみると縄文語と渡来人語が融合した古代日本語のほかに、縄文語＝アイヌ語、縄文語と古代日本語の融合語、古代朝鮮語、古代朝鮮語と古代日本語の融合語といった、さまざまな言語が各地でみられたにちがいありません。

このような言語の多様性をふくめて、日本列島の文化は弥生時代以降「複数文化」に転換したといえます。しかし、この多様性に富んだ「複数文化」は、「心の文明」であった縄文の「単一文化」とは異なる、いびつな「単一文化」に収斂《しゅうれん》していきます。その過程もまた日本列島の歴史にほかなりませんでした。

そしてこの淘汰のなか、私たちの祖先の文化であった縄文語と縄文イデオロギーを保ってきたのがアイヌだったのです（瀬川拓郎『前述書』）。

と結論つけておられる。（なおニヴフとは、かつてはギリヤークと呼ばれ、サハリンやアムール河流域に住む人びとで、のちほど出てくるオホーツク人の末裔である。）

これで、本稿の冒頭に述べた日本語の所属の問題は、私の中で解決をみた。

古代日本語は、瀬川氏によれば、日本列島の基層言語として一万五千年以上前から使われていた縄文語＝アイヌ語と、三千年前ころの弥生時代に渡来してきた人びとの言語とが接触し、クレオール（融合した言語）として成立したものである。つまり日本語は、「出アフリカ古層Ａ型」という実に魅惑的な名称のグループの原型ともいえる縄文語と、渡来人語とが融合して成立した言語であるのだ。

従ってこのような古い言語は、西欧語中心の十九世紀にできた言語学の枠内にはもともと席がない。だからどの語族に属するかなどという設問自体、意味がないのである。

私は、日本語の所属の問題についてこう解決した。

（四）縄文人の末裔の一人　アイヌについて

たまたまだが、私は終戦直前の昭和二十年六月に、北海道・旭川市の郊外、北門町《ほくもんちょう》九丁目というところに家族で疎開した。そこはアイヌの集落・近文《ちかぶみ》に近いところだったから、こじつければ私にはアイヌとの縁は少しはあるような気がする。小学校二年生で編入された北海道第三師範学校の付属小学校の同級生には、近文から通っている子もいた。

学校から少し近文の方に行ってみると、粗末な丸太作りの檻のなかにイオマンテ（熊祭り）に使うためのクマを飼っているアイヌの家もあった。

放課後遊んでいると、アイヌの子どもたちも集団でやってくる。ガキ大将が「おーい、アイヌが来たぞう！」とどなり、みんなぞろぞろと逃げたものである。漫画『ゴールデン・カムイ』（野田サトル作）をみればわかるように、このあたりは彼らの父祖の地であるから、彼らの遊び場なのだ。

決して彼らが乱暴だから逃げるということではなく、やはりなんとなく違う集団だと感じたからだったことを想い出す。

だが近くを流れるドブ川のような石狩川の小さい支流で魚を追いかけて夢中になってい

て、いつのまにかアイヌの子の集団と一緒になっていたこともたびたびあった。子どもにとって、アイヌだ、シャモ（日本人）だ、というようなことは、たいした問題ではなかった。

当時、彼らがしゃべる言葉を気にしたことはなかった。ただ大声をださない静かな連中だ、という気はしていた。

しかし昭和二十年の段階で、近文のアイヌの子どもたちの母語はアイヌ語だったと期待するのは、すでに無理だったのだろうか。彼らが家でおじいちゃん、おばあちゃんとしゃべるときはアイヌ語で話していたと思いたい。彼らにとって日本語はよそ行きの言葉だったはずだ。だから彼らは我々と一緒に遊んでいるとき、静かだったのではないだろうか。

私は定年後、中国福建省に日本語教師として単身赴任したとき、同じような経験をした。中国福建省の学生たちは義務教育を中国語の標準語で学ぶが、家で祖父母としゃべるときは、地元の閩南語《ミンナン》という中国語の方言の一つを使った。彼らの母語だったのだ。他省から来た学生と話すときはよそ行きの標準語で、静かに話していた。

アイヌ語には字がなかった。だから叙事詩ユーカラも全部口伝えで伝承したのである。

アイヌ語研究者の金田一京助博士の学位論文は、『ユーカラの研究　アイヌ叙事詩』である。

金田一博士にユーカラを語って聞かせた金成マツの家は近文《ちかぶみ》にあり、その家で博士はマツの姪にあたる少女・知里幸恵《ちりゆきえ》と会う。幸恵に類いまれな語学の才能を認めた博士は、幸恵にユーカラをローマ字で表記してみたらどうか、と勧め、幸恵は東京の金田一博士宅に身を寄せてユーカラのローマ字表記に没頭する。そして彼女の著書『アイヌ神謡集』の原稿ができあがったその日に、金田一博士から語学の天才と絶賛されたアイヌの少女は、わずか十九年の生涯を閉じてしまうのだ。心臓が悪かったのである。大正十一年（一九二二年）のことである。

『アイヌ神謡集』は柳田国男の炉辺叢書の一冊として大正十二年、郷土研究社から出版された。そして岩波文庫、最近では講談社学術文庫からも出ている。

哀れに思った金田一博士は、その後幸恵の弟・知里真志保《ちりましほ》を引き取り、一高、東大を卒業させ、北海道大学文学部言語学科の教授にした。

その知里真志保について、司馬遼太郎氏は『オホーツク街道　街道をゆく38』で次のように触れている。

知里真志保は、生涯、同学の人達を攻撃し、しかも攻撃する場合、寸毫《すんごう》も仮借しなかった。バチェラー博士の辞書について、「アイヌ語の言霊を虐殺して顧みざる者」とした。これは、広義での感情論である（知里真志保は、アイヌである自分だけがアイヌ語の言霊がわかるとして、外部からの研究者を痛烈に批判した。かれにアイヌ語の手ほどきをした金田一京助に対してさえ批判の手をゆるめなかった。広義の感情論とは、そういう意味である)。・・・・知里真志保は日本で最初に高等教育を受けたアイヌだったために、自分がアイヌであるという意識を一秒も忘れることができず、その被差別感は、地球ほどに重くなったといっても、言いすぎではなかった。・・・・真志保の生涯は、骨身を砕くほどに耐えがたい被差別感と、それをはねのけようとする格闘だったといっていい。

知里真志保に対する司馬氏のこの発言に、私はいわれのない「上から目線」を感じてしまうのである。「ちょ、ちょっと待ってください」と言わねばならない。

これは司馬氏がいわれるような感情論ではなく、母語話者の母語への感性に関することである。

たとえば前述の福建省の西部で閩南語を母語とする中国の学生に言わすと福建省北部の

省都・福州あたりの閩南語は少し違うのだそうだ。どこがどう違うのかは、外部のものにはわからない。

日本でもたとえば秋田県南部の、菅《すが》元総理の出身地である湯沢市あたりの秋田弁を母語とする人は、秋田県北部の秋田弁は少し違うのだ、と言う。どこがどう違うかは、母語話者でなければとてもわからない。

母語話者の本能ともいうべき感性とはこういうことであって、外部の者のとうてい及ぶところではないのである。

だから知里真志保は自分の母語であるアイヌ語を、母語話者でもない外部の人間が勝手にいじくりまわすのに我慢ができなかったのだ。

それに彼は自分の母語がすでに絶滅の危機にあることをよくわかっていて、それに対してなにもできない自分にいらだっていたのである。

さらに言えば、彼をそうさせたのは、縄文人の末裔として無意識ながらの矜恃《きょうじ》であったに違いない。かつては全国的に縄文語＝アイヌ語が通用していたのだから。

さて水田の稲作技術を受け入れず北海道に残った縄文人は縄文人であり続け、本州の人びとと動物の毛皮を交易する商業的狩猟民の道を選択したのである。これはもともと植物性の食物が本州より入手困難なため、動物性食物に多く依存していたことによる。

当然ながら本州以南の人びととは異なる歴史を歩んだ。

それはサハリンから北海道へ南下してきたオホーツク文化の人びととの葛藤であり、その後千島、サハリンそして沿海州にまで版図を拡大し、バイキング様の活動を行うことであり、さらに中国の元王朝と四十年以上も戦うことにもなる歴史であった（瀬川拓郎『アイヌと縄文―もうひとつの日本の歴史』）。

また奥州藤原家との砂金をめぐる歴史もあるが（瀬川拓郎『アイヌ学入門』）、これについてはのちほど触れたい。


北海道の縄文人の末裔たるアイヌについて、前章でシーボルトによって説かれたアイヌ白人説を紹介したが、瀬川拓郎氏の著書『アイヌ学入門』に載っている川村アベナンカさんという女性の写真は、だれがみてもコーカソイド（白色人種）である。モンゴロイド（黄色人種）ではない。

瀬川氏自身、一九六〇年代に、北海道の日高でアイヌの総合調査が行われた結果、コーカソイドである根拠が見いだされなかったため、アイヌはモンゴロイド（黄色人種）であると結論されたとした上で、この結論には納得できない、と言っておられる。旭川市近文《ちかぶみ》地区の遺跡を発掘調査したときの記憶が鮮烈だったのだ。そこにはコーカソイド系の容貌の人たちが大勢いた。

しかし、前述の知里幸恵さんの肖像が著書『アイヌ神謡集』に載っているが、この写真から知里幸恵さんがコーカソイドであるという結論を出すのは難しいと思われる。むしろ秋田おばこに近いのではないだろうか。

このような混乱は、現代日本人が縄文人と渡来系弥生人の混血によって生じたように、アイヌの歴史にも縄文人とコーカソイド系の人びととの混血が一部にあったからである。可能性があるとすれば、オホーツク人がその一人だと思われるが、篠田謙一氏は前述書で

沖縄の集団が農耕の受容に関して本土日本の影響を受けたと考えられているのと同じように、北海道のアイヌの人たちもオホーツク文化を担った人たちの影響を受けていたことが明らかになっています。・・・縄文時代にはなかったハプログループYがオホーツク文化人によってもたらされ、両者の混合によってアイヌが誕生した様子が見て取れると思います。オホーツク文化人は忽然《こつぜん》と姿を消した、と表現される

ことがありますが、彼らはアイヌ集団の形成の過程で、在来の縄文系の人々と一体化していくことで、その実体がなくなっていったのだと考えられます（篠田謙一『前述書』）。

と、結論的に言っておられる。

明治の初めころのアイヌについて知ろうとするとき、明治十年に来日したイギリスの女性探検家イザベラ・バードの著書『イザベラ・バードの日本紀行　上下』が参考になる。イザベラ・バードはシーボルトが唱えた「アイヌ白人説」を確認しようという目的を持っていたからだ。

前述著書上巻の「まえがき」で、彼女は次のように記している。

わたしには蝦夷の原住民について、これまでの報告より詳しいものを提供することができる。・・・アイヌから提供された情報は彼らの風習、習慣、宗教に関するものであるが、自分のとったノートをオーストリア公使館のハインリッヒ・フォン・シーベルト氏がほぼ同じころに集められた情報の一部と比較する機会に恵まれ、すべての点で非常に満足のできる一致をみた（イザベラ・バード『前述書』）。

また下巻冒頭の「蝦夷に関するノート」では、

旅行者であるわたしの主な関心の対象は残っているアイヌ民族の人々である。蝦夷の、いや、ことによると日本全土の先住民であるアイヌは温和な未開人で、漁や狩りをして海辺または内陸に住み、日本を征服した人々にとってはアメリカ人にとってのレッド・インディアン、マレー人にとってのジャクン族、シンハラ族にとってのヴェッダ族に当たる。アイヌは彼らの征服者からこういった従属民族のどれよりもよい待遇を受けていると言い添えておかなければならない（イザベラ・バード『前述書』）。

と記しており、・・・ことによると日本全体の先住民であるアイヌは温和な未開人で・・・などの部分を見ると、彼女の直感はなかなか鋭いといわなければならない。

イザベラ・バードは日高・平取《ぴらとり》のアイヌの家への宿泊し、聞き取りをした。日本語がわかるアイヌの青年と、彼女の従者・通訳である伊藤鶴吉という十八歳の青年を経由する三段階を経ての情報収集である。

彼女が結局シーベルトのアイヌ白人説を是認したのは前述の通りである。

ただ彼女は、この時期日本に来ていた白人たちと同様、キリスト教徒以外は全部野蛮人であると思い込んでいる白人至上主義者であるから、

アイヌの女性の身長は五フィート半インチ（約一五四センチ）を超すことはめったにありませんが、美しい体型をしており、姿勢がよく、しなやかで、よく発達しています。・・・・白老のある少女はなにか事情があるのか刺青をしていないのですが、顔立ちといい肌の色といい、また姿が生まれながらに優美なことといい、これほど美しい人間には久しく出会ったことがありません。アイヌの女性の肌は男性より色白です（イザベラ・バード『前述書』）。


と言う一方で、日本人に対しては「醜い」という形容詞を乱発する。

イザベラ・バードは前述書で、アイヌの歴史に関する言い伝えをいくつか書いている。

平取のアイヌの家へ滞在していたとき、彼女は病人を診てくれたお礼に、と、なんと、義経《よしつね》神社へ案内されるのだ。

あの源義経である。

崖のまさに縁、ジグザグ道を上がったてっぺんに、木造のお堂「義経神社」が建っています。本州のどこの森や小高い場所でも見られるようなお堂で、明らかに日本式の建て方ですが、この件に関してアイヌの伝承はなにも語っていません。・・・たんに義経が自分たちにやさしかったと先祖代々伝えられているゆえに義経を忘れまいとするこれらの人々には、どこかとても哀れなものがありました（イザベラ・バード『前述書』）。

義経が自分たちにやさしかった・・・

どういうことだろうか。

この神社自体は、義経北行伝説に基づいて、寛政十一年（一七九九年）日本人によって創建されたことがわかっている（ウィキペディア）。

ただアイヌは自分の歳を知らない、と彼女は書き、

彼らにとって過去は死んだものであり、それでいながら、他の征服され見下された種族と同じように、大昔のいつか自分たちは偉大な民族であったという考えにしがみついているのです。彼らには血なまぐさい争いの伝統はまったくなく、また戦争用の武器はとっくの昔に失ってしまったとみえます。

と書く。

アイヌは縄文人であったころの記憶を忘れていないというのだろうか。

また武器をとっくの昔に失ったということについて、アイヌの若者はこう語ったと彼女は続ける。

昔アイヌは弓矢ばかりでなく槍と刀でも戦ったものの、彼らの英雄としての神である義経から戦争を永久に禁じられ、それ以来長さ九フィート（約二・七メートル）の柄のついた両刃の槍は熊狩りにのみ用いられるようになったと言っています（イザベラ・バード『前述書』）。

瀬川拓郎氏はアイヌ史を「アイヌと黄金」という関係から考察しようという立場から、著書で、

胆振・日高は、北海道の中央を南北に走る神居古潭変成帯《かむいこたんへんせいたい》に属する、道内でも有数の砂金産地でした。・・・・多数の和人の金掘りが入り込んでシャクシャインの戦いが起った舞台も日高の新ひだか町でした。奥州藤原氏の一団が金を目当てに移住した可能性は、考えてみてもよさそうです（瀬川拓郎『アイヌ学入門』）。

と言っておられる。

ユーカラにも語られるシャクシャインの戦いは、当初はアイヌの部族間の争いだったものが、松前藩に対する武器供与の要請を行った使者への誤報から、和人とアイヌの戦いに発展してしまったものである。一六六九年から始まっている。

和人の金掘りが多数殺害された。

前述の義経伝説は、アイヌの懐柔のために、奥州藤原氏側から出された壮大なフィクションだったのではなかっただろうか。

義経が自分たちにやさしかった・・・とはどういう内容だったか推定のしようもないが、義経と奥州藤原氏との関係は周知のことである。
さらに義経は大陸に渡り、ジンギスカンになったという話もある。
瀬川拓郎氏は著書『アイヌ学入門』で、

中国側資料によれば、一三世紀にはアイヌのサハリン進出が拡大し、オホーツク人の末裔である現地の先住民ニヴフらとトラブルをおこしていました。そのため先住民が服属していた中国の元《げん》は軍隊を派遣し、半世紀近くにわたって元とアイヌは戦いを繰り広げることになります。・・・一三〇八年には毛皮の貢納を条件にアイヌが元に服属を申し入れ、戦いは終息します。

と書いておられる。

アイヌはジンギスカンが建国した元とこのような関係があったことは確かであり、義経伝説という壮大なフィクションのシナリオライターの想像力には感嘆のほかはない。

（五）日本神話の特徴とその神話が語られる社会

日本の神話には、水田やイネが出てくることから、弥生時代の話であることは明白である。

しかし前述のように、日本人は縄文人と渡来系弥生人の融合によって成り立ったものであり、しかもその融合が一万年以上続いた縄文時代をベースにしつつ、全国的に一挙に弥生時代に移行したわけではないので、神話の中の要素にもまだら状態の記載があるのは当然であると思われる。

神話が成り立つもとになるものは、それぞれの民族が長い歴史の中で蓄えた伝承・言い伝えであろう。

それは、自分たちがどこから来たのかといったアイデンティティーに関することであったり、自然にもまれて生きてきた中で生まれた自然への驚異であったり、生活の知恵のようなものであったり、あるいは縄文人が抱いていたという精霊に関するものであったりしたであろう。当然、民族によって異なるものである。

神話とは、そういう伝承、言い伝えを、はるか後世になって、ある方針のもとに取捨選択し、整理して文字化したものと言えよう。

日本の神話は、はるか後世の八世紀に、日本書紀と古事記とに文字化された。伝承を文字化して神話とする上での「ある方針」とはなにか。

それは、天皇家の由来を語る、ということである。

この大方針のもとに、日本書紀も古事記も文字化された。

ただ視点が違ったので、日本書紀は全三十巻、古事記は三巻という大きな違いとなり、古事記には出雲《いずも》に関する神話がかなりの分量になるのに、日本書紀にはほとんど書かれていないという違いになった。

神話の当時、縄文と弥生はまだまだら状態が続いていたが、弥生の中では指導者に率いられた多くのまとまりができていた。

三浦佑之氏はその状態の指導者たちを「地上に無数にいた蛍火のように妖しく光る神やざわめく邪神ども」と表現する（三浦佑之『読み解き古事記　神話篇』）。

古事記では、その邪神どもの代表としてのオホクニヌシを指導者とする出雲の国の始まりと建設が語られ、そして天皇家の祖先によるその統一が語られるのである。

それに対し日本書紀は、国家の正史という対外的意義と性格を持たせられている。

三浦氏は

古事記というのは決して、アマテラスや天皇たちだけに向いて語られ描かれた書物ではないのだとわたしは主張し続けている。そこには、滅びへの眼差しが濃厚に窺えるからである。神話におけるオホクニヌシがその典型であり、中巻や下巻においても、ヤマトタケル（倭建命）やマヨワ（目弱王）に代表される志半ばで死んでしまう御子たちや人びとに、語り手の視線は向き合っている。日本書紀に、そうした認識がまったく窺えないのは、国家の正史として当然だと言える。そうしたあり方の違いを通してみた時、古事記の位相は明らかになるはずである。

と述べておられる（三浦佑之『前述書』）。

また日本書紀は当時の国際化に備えた国定の歴史書という対外的意義と性格もあるため、当時の東洋の世界語である漢語で書かれている。そしてそこには当然のように政治的、人為的脚色が入る。

たとえば神武天皇の即位の年月を定めたいきさつは、明治時代の学者・那珂通世によって明らかにされているように、推古天皇九年（六〇一年）が辛酉《かのととり》の年であり、辛酉革命説《しんゆう》に基づきそれから一蔀《ほう》（二十一元　還暦を二十一回繰り返す）つまり千二百六十年遡った年に即位されたと人為的に決めたのだ。

これが皇紀の基準であって、これまたはるか後世の昭和十五年には「皇紀二千六百年」の式典が行われたのである。

これに対し古事記は、どの日本文学全集でも文学作品として第一巻に載っており、三浦拓之氏は古代文学研究者として「日本最古の大河小説だ」と言っておられる（『前述書』）。

以上の状況下、古事記を見てみると、一見して世界のどこにもない日本神話の特徴が浮かび上がってくる。

それは主神が女神であるということである。

日本の神話の八百万《やおよろず》の神々を統括するのは、アマテラスという女神であるのだ。

少なくとも私の知識の範囲でいえば、世界の神話のどこにもない特徴だ。

たとえばギリシャ神話には多くの女神が登場するが、主神はゼウスという全知全能の男神である。北欧神話も主神はオーディンという男神だ。

私がこう述べるのは、主神が女神である神話が語られる社会は、女性優位、いや男女対等の、お互いの役割の違いを充分認識した社会ではなかったか、と思うからである。日本人は、神話の前提となる縄文時代の続く長い歴史の中で、このようなＤＮＡを育んできたと思われるからである。

前述のごとく、縄文時代、男は狩猟、漁猟、女は採集を分担し、核家族化していたのである。

つまり日本人は一万五千年以上も前から、フランスの歴史人口学者・エマニュエル・トッド氏が説く男女協働の社会を実践してきたのだ。

その伝承が、女神が主神の神話を作り出した。

トッド氏の主張は、今の女性解放運動「新フェミニズム」は人類史を男性支配の歴史ととらえているが、それは間違いであり、ホモサピエンスの成功の一歩は狩猟採集時代の男女協働であった、として、新フェミニズムが男女対立から転じて男女協働に脱皮して欲しいと願っている、ということである（読売新聞　二〇二二年十二月二十五日付け朝刊「あすへの考」欄）。

また女神が主神の神話はその反映として、「融合」という単語をキーワードとして話が進んでゆく。

たとえば古事記の「国譲り」といわれる話。

これはもともとずいぶん唐突な話で、豊葦原《とよあしはら》の水穂《みずほ》の国は我が子オシホミミが統べ治める国である、とアマテラスが突然決めるところから話が始まる。

そこを治めていたオホクニヌシは、何回か使者が訪れるが、懐柔してしまう。

しかし最後の使者として、アマテラスの命により高天原から降りてきたタケミカヅチに国を譲れといわれ、そういう話は息子たちにまかせてありますから、と逃げる。長男のコトシロヌシは悩んで入水自殺をしてしまう。次男のタケミナカタは、やむなくタケミカヅチに力比べを挑むがとても敵わず諏訪湖周辺まで逃げ、そして自分をこの社に祀ってくれればもう敵対はしない、と降参する。だから諏訪大社に祀られている神は、タケミナカタである。

実際には武力衝突はあったのだろうが、神話では神々の力比べとなっている。

ただ古事記には書いてないが、その社には、ミシャグジの神という古い先住者がいた。タケミナカタは先住者を追い出すことになるのだが、このときも敵対せず融合することを選ぶ。日本の神話では何ごとも平和裏に進むのだ。

なおついでに言えば、このミシャグジの神については、柳田国男の「石神問答」をはじめ、多くの研究があり、縄文時代に遡るかと思われるくらい古い神様である。石神はイシカミとは読まず、シャクジと読む。東京の石神井などに地名としても残っている。オホクニヌシも最後には「融合」して自分は出雲大社に隠れ、国譲りを認める。

上流階級には少なくとも平安時代まで、男女対等の気配が社会に残っていたと思われる。

なぜなら当時の女性作家たちの活躍は、現代においても世界的な瞠目の的であるからである。多くの文学作品が生まれ、その頂点に「源氏物語」があることは、いうまでもない。紫式部が「源氏」の中で、著者は不明だが日本最初の小説、と紹介している「竹取物語」も、作者は女性であると私は思う。

「竹取物語」はすぐれたＳＦであり、かぐや姫は男どもを手玉に取る超能力者と描かれている。ミカドに言い寄られ、むりやり宮殿に拉致されようとしたとき、かぐや姫はすっと姿を消してしまうのだ。

「きと、影になりぬ」。

姿を消したときのこのわずか一行の表現に、私は感嘆する。

そして当然、彼女たちは男に隷属するような立場にはなかった。

たとえば和泉式部《いずみしきぶ》。

歌人として著名な彼女は、「あの人は歌はうまいが身持ちが悪い」と紫式部に、紫式部日記の中で揶揄されているし、その紫式部にしても、『尊卑分脈』に「藤原道長のカノジョだった」と記されているのである。（『尊卑分脈』とは、日本の初期の系図集であって、歴史書の一種であるといえる。）


こういう話は、私は浪人中の予備校時代、古文の授業で聞かされた。

私の恩人の一人ともいうべきそのときの講師のお名前は、誠に申し訳ないが、思い出せない。ただ前職が台湾の台北帝国大学の教授だったと記憶している。

また、たとえば清少納言。

その講師は、彼女の小倉百人一首の歌、「よをこめて　とりのそらねは　はかるともよにあふさかの　せきはゆるさじ」を、「体を許すか許さないかということを、歌に託して楽しんでいるのだ」と解説したのである。

これは幼い青春時代の私にとってまさに衝撃であって、清少納言に対して抱いていた理知的、近代的な印象が一挙に吹き飛び、同時に大人の男女の世界を垣間見たような気がしたのである。

その講師の清少納言評は、「超高解像度の超高級レンズのような存在」だった。「あの人は耳がよいから、蚊がまぶたを閉じる音さえ聞きわけるのではないか」という「枕草子」中の表現を賞賛していた。

もう一つ例をあげると、清少納言が「枕草子」で、「新品の黄金色の銅椀にかき氷を盛り、樹液のシロップをかけたものは上品で好ましい」と、まるで現代の猛暑対策のような雅《みやび》な話を言っていることを、瀬川拓郎氏の前述書『アイヌ学入門』で知った。

これはしかし、雅で高貴な黄金色の銅椀が、なぜ北海道・胆振、日高の山間部から大量にまとまって見つかるのか、という考古学上の問題に対する瀬川氏の巧みな引用なのである。

銅椀とは国産のものもあるが、佐波理《さはり》と呼ばれる舶来品は正倉院の御物のなかにもあり、平安時代は都の貴族くらいしか用いていなかった。それが北海道・胆振、日高の山間部から大量にみつかるのは、砂金の代償として奥州藤原氏からアイヌに与えられたものではなかったかと、瀬川氏は言うのである。

主神が女神の日本神話では、女神の活躍が多く語られる。たとえばスサノヲが高天原を追われるとき、五穀の種と蚕をスサノヲに持たせてやるのはカムムスヒという女神である。さりげなく描かれているが、これは縄文から弥生への転換を示唆するような重要な場面であり、そこに登場する女神なのだ。この女神は、古事記の冒頭に、

天《あめ》と地《つち》とがはじめて姿を見せた、その時に、高天《たかま》の原《はら》に成り出た神の御名《みな》は、アメノミナカヌシ（天之御中主神）、つぎにタカミムスヒ（高御産巣日神）、つぎにカムムスヒ（神産巣日神）。この三柱《みはしら》の神は、みな独り神と成りまして、身を隠された（三浦佑之訳『前述書』）。

として描かれる神であるが、三浦氏は

カムムスヒは、スサノヲ（須佐之男命）やオホナムヂ（大穴牟遅命）など出雲《いずも》にかかわる神がみが活躍する場面に登場し、かれらを手助けするために行動する。・・・「御祖《みおや》」という称辞が付くことからもわかるように、母神的な性格を濃厚に持ってい

る。・・・高天の原出自の天つ神とは一線を画した存在ではないかと思われる。と述べておられる（『前述書』）。
のちほど触れたい。

またアマテラスが岩戸の中に隠れてしまったことがあった。弟のスサノヲが、高天原《たかまがはら》の田のあぜを壊したり、溝を埋めたり、機織り場の屋根から馬の皮を剥いで投げ入れたりという常軌を逸した暴行を続けたのを怒ったのである。太陽が隠れてしまって世の中は真っ暗となり、悪鬼が横行するようになった。

そのとき活躍したのが、踊りの名手、アメノウズメノミコトという女神である。その踊りも、一度ハイになると、乳房までさらけだして踊り狂うという強烈なやつだ。だから「おーい、ウズメが踊るぞ！」と声がかかれば、男ばかりか女まで、「おー！」と歓声をあげてみな集まってくるのである。

オモイカネノミコトという総務大臣のような役をつとめる神が、早くアマテラスに岩戸からお出まし願うにはどうすればいいか思い悩んでいたとき、「そうだ、この手を使おう」

とひざを叩いたのは、ウズメに踊らせることだった。オモイカネはウズメに踊らせて大騒ぎを起こそうとしたのだ。

外で大騒ぎすれば、岩戸の中のアマテラスはなにごとかと顔を出すだろう。そこを引っ張り出せばいいや、と思ったのだ。岩戸の陰に大力の持ち主タジカラオノミコトを配し、岩戸が少し開いたらすぐ天照大神の手をとって岩戸からお出ましいただくよう命じ、岩戸の前で大きなかがり火をたいた。そしてウズメには、「思い切り気を入れてやってくれ！」と命じたのであった。

「おーい、ウズメが踊るぞ！」

このひと声は、真っ暗な中でもてきめんに効いた。

オモイカネの計画通り、男も女も「おー！」と叫んでぞくぞくと集まって来た。みんなこの暗い世から脱出したいと切望していたのである。

「天の石屋戸《いはやと》に汗気《うけ》伏《ふ》せて踏《ふ》み登杼呂許志《とどろこし》、神懸《かみがか》り為《し》て、胸乳《むなち》を掛《か》き出《い》で裳緒《もひも》を番登《ほと》に忍《お》し垂《た》れき。爾に高天の原動《とよ》みて、八百万の神共《とも》に咲《わら》ひき。」と古事記の原文にある（『古事記祝詞』日本古典文學大系　1　岩波書店）。

神がかりして、とあるから、ウズメがハイになったのがわかる。なにかたらいのような

ものを裏返しにしてそれを踏みならして踊ったような表現である。乳房はおろか、陰部まで
さらけ出して踊った。八百万《やおよろず》の神々はそれを見てみなどっと笑ったのだ。

岩屋の外から大騒ぎが聞こえてきて、何ごとかと不審に思ったアマテラスが岩戸を少し開けると、榊の枝に取り付けた鏡がつっと差し出された。アマテラスは鏡に映った自分をだれか別人がいるのかと不審に思い、さらに岩戸から身を乗り出すようにした。この時とばかりタジカラオが自慢の腕力を使って岩戸を押し開き、アマテラスの手をとった。そして岩戸の隙間にしめ縄を張ってもう入れないようにした。

太陽はこうして再び現れたのだ。

「うまくいったぞ！」

オモイカネのにやりとした得意顔が目に浮かぶような場面だ。

古事記に書かれたこの話は皆既日食を象徴するものという説があるそうだが、三浦佑之氏はもっと重大な太陽の死と再生を現すものではないか、と言われる。太陽の死が高天原の神々の祭りによって再生するというのだ。

自然の運行のなかでの太陽の死と再生ということから考えれば、北半球の人々に

とっては、冬至というのがいちばんわかりやすいのではないか。太陽の勢いが徐々に弱まり、日照時間が短くなって太陽が衰える、人々がそう考えるのが冬至であった。・・・その冬至の儀礼によって、太陽は生き返ってくる。そのように考えるのが、この神話の背景としてはいちばんわかりやすい（三浦佑之『前述書』）。

神々の祭りを表わす古事記のこのあたりの文章には、どきりとするような猥雑な表現が現れる。

オモイカネに命じられて鏡を作るのは鍛冶の神アマツマラ、つまり聖なる男根という名の神だ。相づちを打つのはイシコリドメという女神で、石のごとくに凝り固める女の意を持つ。

なにを固めるかというと、アマツマラである。もちろん、アマツマラのマラを固くすることで鉄も固くなるわけで、この描写のもつ猥雑さと汗が飛び散る鍛冶場の迫力を思い浮かべると、なかなかに楽しく、いささかの卑猥さを感じさせる場面であることがわかるだろう。そして、そうしたエロチシズムが冬至における活性化には欠かせないために、ウズメの神がかりも必要なのである（三浦佑之『前述書』）。

三浦氏はこう書いておられるが、私は東京の国立博物館で「縄文展」を見たときのことを想い出す（二〇一八年七月三日~九月二日於東京国立博物館）。

国宝に指定された六種の土器、土偶を含む主な展示の片隅に、石作りの巨大な男根が数本、並べてあるのを発見した。「石棒」と表示されていたと記憶している。「石棒」は多くの縄文遺跡から出土している。

日本人の遠い祖先の一人である縄文人が、急に身近なものに感じられた瞬間だった。つまりこれは「子孫繁栄」の願いの現れである。そしてこれこそ地球上のすべての生物に共通する最も基本的な本能であって、縄文人たちも当然、地球上の生物の一種として、子孫を増やさねばという切実な本能に突き動かされていた。「石棒」はそのための重要な祭祀であったにちがいない。

なにしろ人類という哺乳類は、この方法以外に子孫繁栄を達成する方法を持たないのである。

その縄文人たちの強い思いが、はるか後世の八世紀になって書かれた神話の中に、現代人から見ていささかの卑猥さとして感じられる表現になって存在することを、我々は理解すべきだと思う。

縄文展に展示されていた石作りの巨大な男根。これこそ縄文人が祈りの対象としたアマツマラではないだろうか。

さてもう一度、ウズメに話を戻すと、彼女は古事記の中で再度重要な役割を果たす。それは神武天皇の四代前のニニギノミコトが高天原から日向の高千穂に降臨する際、随員を命じられたことだ。

ニニギが地上へ降下しようとすると、その途中の八つ辻に、高天原から葦原の中つ国までを光り輝かす神がいることがわかった。

「この男！」。

アマテラスはニニギの行く手に立ち塞がる危険な存在、と認識した。そしてウズメに事態の偵察をせよ、と命じる。

「わたしが？　なぜ？」。

ウズメはいぶかしげにアマテラスを見上げる。

「随員には大力の持ち主・タジカラオもいるじゃないの！」とウズメは思った。

だがアマテラスはウズメにこう言った。

「そちはか弱い女神ながら、向かい合うと面《おも》で勝つ神ではないか」。

面で勝つ神、とはなにか。『日本古典文学大系』（岩波書店）の「古事記、祝詞」にある脚注には、「面とむかって気後れしない神」とある。

私はこの脚注には納得できない。

美女である、という意は含まれているかと思うが、真意はそうではあるまい。

アマテラスはウズメに、場合によっては、女の武器を使って籠絡してしまえ、と命じたのだ。これは私の意訳・妄想であることは充分承知の上だ。

ただ根拠を求められれば、美女に女の武器で迫られれば、男なんかチョロイものであるからだ、と言おう。これは古今東西を問わぬ歴史上の真理だからだ。


たとえば後世の話だが、エジプトの女王クレオパトラはこの手を使って征服者ジュリアス・シーザーを籠絡したではないか。シーザーとは子まで作った。クレオパトラはさらに、マルクス・アントニウスをも籠絡したのだ。

アマテラスはこの真理をよく知っていて、妖艶な美女・ウズメに命じたのだ。


ウズメが八つ辻に降りて確認すると、はたしてそこには筋骨たくましい偉丈夫がいた。

「そなたは何者？　なぜここにいるの？」。

ウズメにこう誰何《すいか》されたその神は、結局、「わしは国つ神のサルタビコと申す。天つ神の道案内をしようとして待っているのだ」と答えた。

つまり、ウズメは籠絡に成功したのだ。

これによって道中の安全が確認されたので、ニニギはウズメを含めた五柱の神をお供として、サルタビコの案内のもとに、三種の神器とともに日向の高千穂に天降《あも》りなされた。

これも私の妄想だが、ウズメは偵察ミッションの成功をアマテラスに報告したとき、理想の配偶者との遭遇でもあった、と告白したに違いない。

だからこそ、事態が一段落してから、ニニギがウズメに命じるのである。

「サルタビコの本貫の地は伊勢と聞いたが、ウズメよ、伊勢まで送り届けてあげなさい」。

もちろん、高天原に戻る必要はない、と匂わせた。

だからこそ、サルタビコとウズメの二柱の神は、夫婦《めおと》神として、二十一世紀のいまに至るまで、伊勢に祀られているのである。

三浦佑之氏も「なかなか微笑ましい穏やかな話題」と言っておられる（『前述書』）が、私はこのように解釈したい。

以上、日本神話に描かれる女神たちの姿を述べてきたが、再度繰り返せば、女神が主神の神話を作り出したのは、縄文時代からの伝承に基づいたものであったに違いない。そこでは男は狩猟、漁猟、女は採集を分担し、男女協働の社会が実現されていたのだ。

イザベラ・バードは、日本女性の地位について、次のように述べている。日本探検の旅の終わり近く、大阪の上流社会を訪れたときの感想である。

わたしの受けた印象では、・・・日本の妻は上流階級より下層階級のほうがしあわせなようです。日本の妻はよく働きますが、単調で骨の折れる仕事をする存在というより、むしろ夫のパートナーとしてよく働くのです。またこの階級では、未婚の少女たちは世間から隔離されてはいませんし、ある程度の範囲で完全な自由を持っていります。女性たちが他の大半の異教徒の国より望ましい立場にあるのはまちがいなく、妻は貞淑だと推測できます。間引きはとてもまれです。娘の誕生は嘆き悲しむ出来事ではさらさらなく、女の子たちは男の子と同じように愛情と世話を受け、社会で生きていくために男の子同様きめ細かくしつけられます。

真のキリスト教を受け入れないかぎり廃止されそうにない習慣は数多くあり、なかには病的に大げさな親孝行という観念から生まれたものもありますが、過去においてすら、女性は「虐げられて」おらず、むしろ歴史の上では高い位置を占めてきたのです。

この国の神々のうちで最も偉大なのは女神であり、九人の女帝が（筆者注　正しくは八人、重祚《ちょうそ》された女帝が二人いるので、八人十代）「神権」により日本を統治し、文学、とくに詩歌において女性は男性とともに主要な地位を占めていることは言うまでもありません。・・・日本の女性は最悪のときですらある程度の自由ときめ細かな配慮と敬意を受けており、異教徒のくにでそうだと知ったわたしはすっかり驚きました（イザベラ・バード『前述書』）。

女性の地位は、武家の時代になって急降下した。「不義はお家の御法度」といわれるようになった。ただこれは、武家の女性についてであって、庶民の場合はどうであったか。イザベラ・バードの前述の指摘は、庶民の場合は武家の時代以前のように女性の地位は高かったと言っているようにも思える。

（六）古事記抄

さて古事記に話をもどしたい。

会社員をしていたころ、部下の男性社員に酒席でイザナキ、イザナミのめおと神の、初めての交合の場面の話をすると、彼らは眼を丸くして驚いたものである。そしてこの話が古事記のごく初めの部分にある話だ、というと、彼らは「古事記はエッチだなあ！」と一層眼を丸くした。

「なんだ、知らないのか！」。

今度はこっちが目を丸くした。

そして、戦後は学校で神話についてなにも教えていないのだ、と思い至った。

私は終戦の年に小学校の二年生だったから、想い出してみると、たしかにその後の学校生活で神話を教わった記憶がない。

私の年代がなぜ多少日本神話の知識があるかというと、フヂタミツコ著『カミサマノオハナシ』という古事記を翻案した子ども向きの本が多くの家庭にあったからである。

私はこの歳になるまで、古事記に関する知識のかなりの部分をこの本に負っていると思っている。

いまの子どもたちには、こういう本が与えられていない。学校ばかりでなく家庭でも神話が教えられていないのである。だから子どもだけでなく、戦後生まれのおとなでさえ、古事記の内容を知っている者は少ないのだ。

古事記のそのエッチな部分の現代語訳を、三浦佑之氏の著書『読み解き古事記　神話篇』から引用してみよう。

そして、その妹《いも》イザナミに言うことには、

「お前の体はいかにできているか」と。すると、答えて、

「わたしの体は、成り成りして、成り合わない処がひと処あります」と。

するとイザナキが仰せになることには、

「わが身は、成り成りして、成り余れる処がひと処ある。そこで、このわが身の成り余れる処を、お前の体の成り合わない処に刺し塞いで、それで国土《くにつち》を生みなそうと思う。生むこと、いかに」と。イザナミが答えて言うことには、

「それは、とても楽しそう」と。

そうである。

三浦氏は「とても楽しそう」の部分は「少し意訳した」と言っておられるが、氏も楽し

ここにイザナキが仰せになることには、

「それならば、われとお前と、この天の御柱を廻《めぐ》り、逢ったところでミトノマグハヒ（美斗能麻具波比）をなそう」と。このように契ると、すぐに、

「お前は右より廻り逢え。われは左より廻り逢おう」と仰せになった。

契り終えて廻った時、イザナミがまず言うことには、

「ああ、なんてすてきなおとこ（袁登古）よ」と言い、そののちにイザナキが、

「ああ、なんとすばらしいおとめ（袁登売）なのだ」と言う。

そして、そのまま秘め処《ど》にまぐわいして・・となるのだが、このように日本の神話は、地球上のあらゆる生物の基本的本能である子孫を残すという行為の、具体的説明から始まっているのである。

なぜか。

私は、古い伝承では子孫を残すための行為は、神聖なものとされていたと推定する。

神々が国土《くにつち》を生むという行為は神聖なものでなければならない。だからイザナキ、イザナミの二柱の神は、まぐわいの前に天《あめ》の御柱《みはしら》という神聖な柱を廻《めぐ》るという行動をされたのだ。

日本には縄文時代に遡るとても古くから、神聖な場所に太く高い柱を立てるという文化があった。ある神聖な場所を囲む結界のような複数本の柱を立てたのである。天の御柱とはそのようなものであったと思われる。

この文化は、一九九八年の長野冬季オリンピックで、諏訪大社に伝わる御柱祭り（正式名　式年造営御柱大祭）を行うことによって、世界に知られるようになった。諏訪大社の御柱は、上社、下社を囲むように四本ずつ計八本あるという。

またたとえば、縄文時代中期の遺跡といわれる青森県の山内丸山遺跡の復原された場所には、太く高い柱が三本ずつ向かい合うように六本まとまって立っている（柱の直径約一メートル、高さ約十五メートル）。そこは、三本と三本の柱の間に、冬至の日の太陽が沈んでいくという縄文人の空間認識に合致する神聖な場所だ（小林達雄『前述書』）。

だがイザナキ、イザナミの最初の子は「ヒルコ（水蛭子）」だった。骨のないクラゲのような子だったのだろう、イザナキ、イザナミはとても育たないと思い、葦《あし》で作った舟にのせて捨ててしまった。「この子は葦船《あしぶね》に入れて流し去てき《う》」と原文にある。

三浦佑之氏は、タブーとされている兄妹婚を戒める意もあるか、とされている（『前述書』）が、その通りだと思われる。

前述の通り、篠田謙一氏は、北海道・礼文島の船泊遺跡（縄文時代）から出土した女性の人骨から、その全ゲノムを現代人と同じレベルの精度で決定することができた、とされていて、

彼女が父と母から受け継いだＤＮＡの配列同士を比較してみると、互いが非常によく似ていることがわかりました。詳しい解析によって、長い間少人数の集団内での婚姻が繰り返されていたこともわかりました。

と述べておられる（篠田謙一『前述書』）。

日本の神話は弥生時代になってからの話だが、近親婚とくに兄妹婚を戒める古い伝承もあり、それを神話に記載する必要があると判断したのだろうと思われる。

イザナキ、イザナミは高天原に戻り、この失敗の原因と是正措置につき神々の指示を仰ぎ、再び地上で「国土《くにつち》を生みなす」ことを始める。そして淡路島、四国、隠岐島、九州、壱岐、対馬、佐渡島、本州という大八島《おおやしま》を次々と誕生させ（北海道は含まれていない）、さらに大地の神、その大地にいます神など四十四柱の神を生む。

八百万《やおよろず》と称される神がみの数からすると、合計四十四柱というのはそれほど多いわけではないが、この大地とその上にいます神のすべては、イザナキとイザナミからつながるいのちあるものとして存在することになったのである（三浦佑之『前述書』）。

しかしイザナミは、火の神ヒノカグツチを生んだとき、ホト（女陰）を焼かれて病み伏せってしまう。現代でいえば産褥熱だろうか。その病床でイザナミが流した大小便や嘔吐物からも神が生まれる。

イザナミはこの病から回復することなく、神避《かむさ》ってしまう。死んでしまったのだ。そして死者の国である黄泉《よみ》の国《くに》へ行ってしまう。

母なる女神の産褥熱による死は、どうしても神話に文字化しておきたい強い伝承だったのだろう。

残されたイザナキは悲しみ、こうなったのはお前のせいだ、と刀を抜いて火の神ヒノカグツチを斬り殺してしまう。

だが火は刀で切られたくらいではなくならない。このときも火は様々に姿を変え、様々な神が生まれている。とくに刀剣の神タケミカヅチが生まれたことは注意しておかなければならない。この神はのちに国譲りのとき、アマテラスの使者としてオオクニヌシと交渉するという重要な役割をはたす神だからだ。

イザナキは死んだイザナミが恋しくてたまらない。イザナミの死が受け入れられないのだ。神は本来死ぬことはなく、隠れるという表現で存在を消すことがあるが、イザナミは死んで葬られ、黄泉《よみ》の国《くに》へ行ってしまっている。

イザナキはイザナミに会おうとして、黄泉の国まで追いかけてゆく。そして殿《との》の閉ざし戸というところでイザナミに会うことができ、せつなく語りかける。

「いとしいわが妹よ、われとお前とで作った国は、まだ作り終えていない。さあ、帰ろうではないか」(三浦佑之『前述書』)。

このイザナキの言葉「さあ、帰ろうではないか」。神様の言葉なので恐れ多いのだが、「国」を「家庭」と言い直した場合、時代を問わず愛する配偶者を亡くした人々にとって、痛いほど共感できる言葉なのではないだろうか。

だがこれはやはり無理な話。イザナミは、自分はもう黄泉の国の食べ物を食べてしまったので帰れないが、黄泉の国の神と話をしてみるから待っていてくれ、と言い、そのあいだ、自分を見ないでくれ、と言って、殿の中に入ってしまう。

当然のように、いつまで経ってもイザナミは出てこない。待ちくたびれたイザナキは、櫛の歯を折って火をともし、戸を開けて入ってゆく。

そこで見たものは、ウジ虫が這い回る腐乱したイザナミの死体だった。しかも体の八つの部分に恐ろしいイカヅチ（雷）がわきだしうごめいている。

イザナキは思わず「ワアッチ！」と叫んで逃げ出した。

「見たな！」。

イザナミは決して見ないでくれ、と言った約束が守られず、醜い自分を見られてしまったことに逆上した。

そして黄泉の国の鬼どもに命じてイザナキを追わせる。イザナキはなんとか鬼どもを追い散らし、自ら追ってきたイザナミと黄泉の国の境となる岩を挟んで向き合う。

このときイザナキとイザナミの間で交わされた言葉は、現代の人口問題を連想させるような内容である。

　イザナミが言った。

「いとしいわたくしのあなたよ。このようなことをするなら、あなたの国の人草《ひとくさ》を、ひと日に千頭《ちがしら》絞《くび》り殺します」

　するとイザナキは、仰せになり、

「いとしいわが妹ごよ、お前がそうするというのなら、われはひと日に千五百《ちいほ》の産屋《うぶや》を建てよう」と言うた（三浦佑之『前述書』）。

イザナミは一日千人の人間を殺す、という。それに対してイザナキは千五百の産屋を建てる、という。差し引き一日五百人ずつ増えるという話が、めおと神の間で交わされたということである。

日本はいま、神々の約束にもかかわらず、人口が減っている。しかも少子化と高齢化が同時に進行しているのである。イザナミノミコトは「また約束を違えた」と言って、逆上し続けておられるに違いない。

神話と関係のない現代の数字をあげてみると、

日本の総人口　一億二五一二万人　前年同月比五五万六千人の減
このうち十五歳未満　一四八八万六千人　前年同月比　二一万九千人減
十五～六十四歳　七四一三万六千人　同上　五七万五千人減
六十五歳以上　三六三一万七千人　同上　二三万八千人増
（総務省、令和三年五月一日現在、平成二十七年の国勢調査を基準とする推定値）

イザナキは黄泉の国で付着した穢《けが》れをとるため、禊《みそ》ぎをする。
イザナキは穢れをとって、過去を忘れ、もう一回やり直そうとした。つまりこれは再出発の誓いでもあるのだ。
イザナキの禊ぎの場所は、筑紫《つくし》の日向《ひむか》の橘《たちばな》の小門《おど》の阿波岐原《あわきはら》と、原文では非常に具体的に書いてある。子ども向きの「カミサマノオハナシ」では、「キレイナカワガナガレテイマシタ」となっていたと記憶している。

禊ぎは全裸が原則であるので、イザナギが持ち物や身につけているものを投げ捨てると き、それぞれ神が生まれる。

そして川に入り、アカを落とし、最後に

左の御目《みめ》を洗う時に成り出た神の名は、アマテラス（天照大御神）。つぎに右の御目を洗う時に成り出た神の名は、ツクヨミ（月読命）。つぎに御鼻《みはな》を洗う時に成り出た神の名は、タケハヤスサノヲ（建速須佐之男命）（三浦佑之『前述書』）。

こうして古事記で主役を務める三貴子が誕生した。

イザナキはその誕生をよろこび、アマテラスには「そなたは、神々の坐《いま》す高天《たかま》の原を治めよ」、ツクヨミには「そなたは、夜の世界を治めよ」、タケハヤスサノヲには「そなたは、海原を治めよ」と言って、委ねた。

その後、アマテラスとツクヨミは、イザナキに命じられたとおりにそれぞれが命じられた世界を治めるが、スサノヲは「海はいやだ。それより母に会いたい」などと言って泣きわめく。しかもその泣きわめき方が、あごひげが長く伸びて胸の前あたりまで垂れるほどになっても続いたというほど、尋常ではない。そして世界は無秩序な状態が続いた。

イザナキは困り果て、「いかなるわけがあって、なんじは、われがことを委ねた海原を治めもせずに泣きわめいているのか」と尋ねる。するとスサノヲは、「わたしは、妣《はは》の国である根の堅州《かたす》の国に罷《まか》り行かんことを願っているのです」と答える（三浦佑之『前述書』）。

根の堅州《かたす》の国とはなにか。

三浦氏は

スサノヲはもともと根の堅州の国を領有する神だったのではないかとわたしは考えている。そこは、「根」の世界であり、根源の力を秘めた場所をいうのではないか。そして、それこそが「ハハ」の力を秘め隠した場所だとみれば、「妣の国、根の堅州の国」という言い方は、矛盾なく理解することができる。

と暗示的に述べておられる（三浦佑之『前述書』）。

イザナキに「この国に住むな」といわれたスサノヲは、では姉アマテラスに挨拶に行くと言って、高天原に昇っていく。その昇っていく有様が「山や川はあまねく轟きわたり、国や地《つち》はことごとく震《ゆ》れた」というような激しいさまだったので、姉は弟が邪心をもって高天原を奪おうと思っているにちがいないと、男装をして待ち受ける。

姉に「なぜ上がってってきたか」と問われ、弟は「挨拶しに来ただけだ」と答え、邪心がないことを証明するために宇気比（ウケヒ　占いの一種）をしようと提案する。

「ウケヒて子生まむ」と原文にある。ウケヒをして子を産もうというのである。

姉と弟は、天の安《やす》の河を挟んで対峙する。

そしてそれぞれの持ち物を取り、天の真名井《まない》に振りすすいでそれを口に入れ、バリバリと噛んで霧を吹くように吐き出すと、姉の場合は三柱の女神、弟は五柱の神を生んだ。

スサノヲは、占いに勝った、勝ったと一方的に言って、高天原の田のあぜを壊したり、溝を埋めたり、大事な神殿に入って糞《くそ》をし、それをまき散らすという幼児的な暴行をする。

古事記のこの部分はとてもわかりにくいところで、日本書紀でも同じ部分を三つの異伝をあげて説明しているほどである。

だが私はこの場面こそ、古代日本の縄文から弥生への変化を象徴する重要な場面ではないかと考える。

異なる集団が遭遇すれば、結果として融合が起きたにしても、なにごともなかったはずはないからだ。

篠田謙一氏は、縄文人と渡来人の遭遇は、おそらく数十人の縄文人の集団に、数百人の渡来人の集団がかぶさってきただろうと言っておられる（『前述書』）。

縄文人のムラ（村）そしてその周辺の植物性食料の採集場であるハラ（原）が、渡来人によって水田用地として接収されることもあっただろう。小競り合いは当然あったにちがいない。

こういうことに関して、いろいろな伝承が伝えられていたはずである。

スサノヲは、三浦氏がいみじくも言われるように、もともと根の堅州の国という縄文側の国の神だったのではないだろうか。

だからスサノヲは、高天原の田のあぜを壊したり、溝を埋めたりと、弥生の食料生産の装置を破壊して抵抗したのだ。

このあとスサノヲは、機織り場の屋根から馬の皮を剥いで投げ入れたりという常軌を逸した暴行を続けたので、アマテラスは怒って岩戸の中に隠れてしまい、世の中が真っ暗になって悪鬼が横行するようになった。

あとの顛末は先に書いた通りで、ウズメの活躍で、太陽が再び現れるのである。

そしてスサノヲは、騒ぎを起こした罰として、高天原を追放されることになる。

あちこちを放浪したあとスサノヲは出雲の国に降りてきて、ヤマタノヲロチを退治する話へと神話はつながってゆくのだが、実はスサノヲは放浪中に、オホゲツヒメという女神を斬り殺すという事件を起こしている。

この話は、女神殺害と同時に五穀の誕生を語るもので、三浦佑之氏は、「古事記のスサノヲを考えていく上で、きわめて重要な場面とみなければならない」と述べておられる。

すると、殺された神の体につぎつぎに生まれる物があり、頭《かしら》には蚕《かいこ》が生まれ、二つの目には稲の種が生まれ、二つの耳には粟《あわ》が生まれ、鼻には小豆《あずき》が生まれ、陰《ほと》には麦が生まれ、尻には大豆《まめ》が生まれた。そこでカムムスビの御祖《みおや》（神産巣日御祖命）が、これを取らせて種と成した。・・・・スサノヲは、そのようにして手に入れた五穀の種を持って出雲にやってきたのである（三浦佑之『前述書』）。

つまりスサノヲは、狩猟、漁労、採集の生活から農作物を栽培する生活、つまり縄文時代から弥生時代へと世の中を転換させる象徴として意義付けられる存在なのである。

神話における死は世界の終わりではなく新たな世界の再生だということになるから、オホゲツヒメの死体から新たな食べ物が出現するというのはよく理解できる。しかも、その混沌の女神の死は、秩序ある生産を生み出してくる。それを、採集から栽培へと考えれば、オホゲツヒメというのはまさに縄文的な女神だということになる。その女神の死によって、弥生的な生産（栽培）が始まるのだ（三浦佑之『前述書』）。

ヤマタノヲロチは、目が真っ赤なほおずきで、八つの頭と八つの尾を持ち、体にはひのきや杉が生えているという想像を絶する巨大な妖怪である。こんな怪物に娘を毎年一人ずつ食われるという父・アシナヅチの恐怖はどんなものだったたか。どういう伝承が伝わっていたのだろうか。

スサノヲはアシナヅチと、ヤマタノヲロチを退治したら、娘・クシナダヒメを妻にもらい受けるという約束をして、行動を開始する。

アシナヅチに強い酒を作らせ、ヤマタノヲロチに飲ませて酔っ払わせ、抵抗力をなくして楽に勝ってしまうのだが、八本ある尾の一つから、天皇家の三種の神器の一つ、草薙《くさなぎ》の剣《つるぎ》を得ることになる。

そして約束通りクシナダヒメと結婚し、出雲に宮殿を作って住むことになる。

ここから古事記は「出雲神話」に移る。

先に書いたように、「天皇家」の由来を語る、という大方針の下に、「天皇家」の祖先に統合される弥生時代の無数の指導者たち、三浦佑之氏の表現によれば、「地上に無数いた蛍火のように妖しく光る神やざわめく邪神ども」の代表としての出雲の指導者「オホクニヌシ（大国主神）」。

彼の試練に耐えて成長してゆく様子がここからの主題である。

スサノヲからその七代目に誕生するのがオホクニヌシ（大国主神）である。そしてこのオホクニヌシ（別名オホナムヂ）が受ける数々の試練、有名な因幡《いなば》の白ウサギの話もそうだし、兄たちである八十《やそ》の神々から受ける試練もそうだ。この試練を、オホクニヌシは古事記の冒頭に登場するカムムスヒという女神の助けを受けて乗り切る。そして最後に、「根の堅州《かたす》の国」へ赴き、その国の主として娘スセリビメと暮らしているスサノヲから様々な試練を受けるのである。

古事記のこの部分の描写は、時間と空間の関係が混乱している。ヤマタノオロチを退治したあとのスサノヲは、クシナダヒメと結婚生活を送っていたはずなのだが、

そうではないらしい。というのは、このあとの神話を読んでいくと驚いたことに、スサノヲは根の堅州の国の主として娘スセリビメ（須勢理毘売）と暮らしているのである（三浦佑之『前述書』）。

ともかくオホクニヌシは、スサノヲが主として君臨している根の堅州の国で数々の試練を受け、やがてスサノヲから一人前と認められたのち、出雲の王としてその建国に励むのである。

助手としてスクナビコナという一寸法師のような小さな神が建国を手伝う。ちなみに現在、東京の神田明神に祀られている神は、オオクニヌシとスクナビコナだが、その由来はどういうことなのか、私は知らない。

そして先に書いたように、オホクニヌシはアマテラスの使者として訪れたタケミカヅチに国譲りを迫られ、次男タケミナカタの抵抗もむなしく、自身は出雲大社に隠れて統合を認めるのである。タケミナカタが隠れたのは諏訪大社であることも先に述べた。

三浦氏は古事記のこの部分に描かれた一つのキーポイントとなる不思議な空間、「根の堅州の国」について、以下のように考察されている。少し長いが引用する。

わたしがこの神話を読んで思い浮かべる風景は、海に囲まれた島である。大海の中に浮かぶ孤島、それは奄美や沖縄の人びとが考える原郷的な世界、自分たちの遠い祖先の故郷であり、死者の魂が集い、そして新しい生命がそこからやってくる、穢れや幸いなどあらゆるもののいますところ。ニライカナイとかニルヤカナヤ、ニーラスクなど島ごとに別の名で呼ばれるが、水平線のかなたにある魂の原郷、そうした世界が根の堅州の国だと考えるとわかりやすい。

死者の魂が向かう世界という点では黄泉の国と重なる部分があるが、黄泉の国には生命を育むという性格がない点で大きく異なっている。ニライカナイというのは、死も誕生もあらゆる生命の根源として意識され、水平線のかなたに幻視されるのに対して、黄泉の国というのは垂直的に降下した地下にある暗黒世界として認識される。そこは、高天の原という天空世界と対称化された世界であるのに対して、水平的な世界である根の堅州の国は、高天の原的な世界と黄泉の国的な世界とを包含したような世界として存在すると考えるのがよいのだと思う。それがおそらく、この列島に住んだ人びとの古層の異界観であったということができる。

新しい力を蓄えて再生するという根の堅州の国のあり方は、このあとのオホナムヂの冒険神話を読んでいけば納得していただけよう。そして、恐ろしいものも呑み込んでしまうという部分に関しては、大祓《おおはらえ》の祝詞を読むと理解できるはずである。大祓というのは、地上に生じたあらゆる罪や穢れをすべて祓い去り浄化するために行われる祭祀だが、・・・現在でも祭りの前に神官が祭場を清浄にするのに大祓の祝詞を唱えている。その内容はおおよそ次のようなものである。人が生活するなかで身についた、あるいは生じた、地上のすべての罪や穢れは、川に流される。そして、その罪や穢れは川を流れて海に行くのだが、まずは川の瀬にいますセオリツヒメ（瀬織津比咩）が大海原まで持っていってくれる。すると、海の潮目がぶつかるところにいますハヤアキツヒメ（速開都比咩）という神が、その罪や穢れをがぶがぶと飲み込み、次には、気吹戸《いぶきど》と呼ばれるところ（潮を吹きだすところということか）にいますイブキドヌシ（気吹戸主）という神が「根の国・底の国」に吹き祓ってくれ、それを、根の国・底の国にいますハヤサスラヒメ（速佐須良比咩）という女神が「持ち佐須良比失《さすらひ》ひてむ」と、大祓の祝詞は唱えている。

川から海へ、海から根の国・底の国へと行った罪や穢れがいつの間にやら無くなってしまうというのは、日本人の垂れ流しの思想を象徴するようでいささか恐ろしくもあるが、そのようにしてあらゆるものを受け入れ、浄化し再生するリサイクル工場のような場所として、根の国・底の国は存在する。それがスサノヲの領する世界として古事記に語られる根の堅州の国であったのである。

この祝詞をみると、根の堅州の国（根の国・底の国）と奄美や沖縄のニライカナイとの近似は、納得できるだろう。柳田国男は「根の国の話」という論文のなかで、両者の共通性を論じており、折口信夫も「妣《はは》が国へ・常世へ」という論文で、妣の国が日本人の原郷的な世界、つまり魂の故郷としてあったことを論じている（三浦佑之『前述書』）。

日本人の原郷にかかわるこのあたりの状況を、ＤＮＡの変遷を手段として用いる現代の人類学の立場から見るとどんな景色が見えてくるだろうか。

篠田謙一氏は前述書で、現代日本人がどのようなミトコンドリアの突然変異の型（ハプログループ）を持っているかを論じておられるが、そのなかのハプログループＭ７という型の発生の年代と地域について次のように述べておられる。

ハプログループＭ７にはａ，ｂ，ｃという３つのサブグループが存在します。それぞれが非常に特徴的な分布をしていることが知られています。すなわち、Ｍ７ａは主として日本に、Ｍ７ｂは大陸の沿岸から中国南部地域に、そしてＭ７ｃは東南アジアの島嶼《とうしょ》部に分布の中心があるのです。・・・この３つの分布の特徴は、その起源地を求めるヒントになりそうです。Ｍ７が生まれたのが４万年以上前、各サブグループが生まれたのが２万５０００年ほど前と計算されています。その時代、氷河期の乾燥化によって海水面は低下していましたから、黄海から東シナ海にかけては広大な陸地が出現していました。おそらくＭ７の起源地は、今は海底に沈んでいるこの地域だったのでしょう。そこで生まれたサブグループのうち、ハプログループM7aが、日本列島に到着したと考えられます。後に説明しますが、このハプログループは縄文人からも見つかっており、まさに日本の基層集団の持っていたハプログループなのです。

なお、このハプログループは本土の日本人では約7%を占めるだけですが、沖縄に行くと実に4人にひとりが持っています（篠田謙一『前述書』）。

この指摘の意味するところは重大である。

沖縄、奄美に伝わるニライカナイの伝説は、今は海底に沈んでいる地域がまだ陸地だったころ、そこに住んでいた人たちが日本に渡ってきてもたらした考古学上の事実ではなかったかと言っておられるからだ。

地球規模の時間でいえば、現在地球は更新世（約二百五十八万年前から）に始まる第4紀氷河時代に入っているのである。それ以来、氷河の発達と後退が四万年、十万年のスケールで繰り返されており、それぞれ氷期、間氷期とよばれる。現在は間氷期で、最後の氷期は約一万年前に終わったとされる。

氷期には海面が低下していた。日本列島は大陸と地続きであって、ナウマンゾウなどが陸地を歩いて日本にも来ていた。

この時期、タイの中央部を流れるチャオプラヤー河が形成したスンダランドとよばれる広大な沖積平野が、黄海、東シナ海周辺に広がっていた。

氷期の終わりを示唆するかのように、一万六千年前くらいから海水面が上昇を始め、スンダランドは徐々に海面下に没していった。日本列島も一万三千年前くらいから大陸から離れ、現在の形になったといわれる。

スンダランドに住んでいた人びとは、水没する陸地から丸木舟で逃れねばならなかった。そのうちの一部、ミトコンドリアのハプログループＭ７ａを持った人びとが日本にたどりついた、と篠田氏は言っておられる。旧石器時代のことである。

彼らにとっては、暖かく豊かであったであろうそこはまさに懐かしい原郷、魂の故郷だったにちがいない。そこは多分、カムムスヒという女神が治めるところだったのではないだろうか。当然それを伝承として語り継いだ。

古事記の編集者といわれる稗田阿礼《ひえだのあれ》は、古事記を、旧石器時代から伝わる伝承を文字化することからはじめたと思われる。

古事記の冒頭で、独り神として成り、身を隠した神のひとりに、カムムスヒを加えたのがそれである。そしてこの古い女神は、オホクニヌシが修行のためにスサノヲが領する根の堅州の国へ行くのを助けたりする。

さらにその伝承で語られる国を、スサノヲが領する根の堅州の国として、罪や穢れを浄化する場所として、古事記の中に採用したのだ。

私は、編集者・稗田阿礼の天才的手腕に脱帽する。

（七）古代から繋がるもの（倫理観）

さて前述したように、イザナキは黄泉の国で付着した穢《けが》れをとるため、禊《みそ》ぎをする。三浦佑之氏は

穢れというのは、日本人の宗教観念にとってもっとも大きな問題で、穢れた場合には、なんらかの方法によって心身を清浄にもどす必要が生じる。その行為が一つは禊ぎ、もう一つが祓いである。ミソギ（ミゾグ）という語の語源は「水滌《みずそそ》ぎ」で、それがつづまってミソギになったと考えられている。・・・今も、何か悪いことが生じても水に流せばなくなるという観念があるが、それは古代の宗教観念につながるのだと思う。

と言っておられる（三浦佑之『前述書』）。

これは現代の日本人にまで繋がる宗教観・倫理観で、ここが日本の多神教と、欧州等のキリスト教などの一神教との最大の相違点である。

一神教は、人間は罪深い者であるというところを出発点とする。神には常に懺悔《ざんげ》をしなければならない。罪には罰が伴うから、罪の程度によって、神にその罰を決めてもらうのである。

一方、八百万《やおよろず》の神々は、我々をただ見守ってくださるだけなのである。指導はしてくださらない。だから穢れが付着したかどうかということは、自分で判断しなければならない。穢れたと思ったら、自分で禊ぎか祓いをして、清浄な状態に戻らなければならない。日本人は強い自律が求められているのだ。

言い方を変えると、「お天道様に見られている」という誇りが、日本人のこころの深層に存在するのである。

だから現代でも、たとえば大きな災害などが起きた場合、外国では住民たちが商店などを襲って略奪することがごく普通に起きているが、日本ではこのようなことは、まず絶対に起こらない。日本人には強い自律が働いているのである。

こういう行動の規律は、日本人のＤＮＡの「エピジェネティクス」の発現例ではないかと思われる。

また新渡戸稲造氏が明治三十二年（一八九九年）十二月『武士道』を書かれたときも、おそらく同じことを感じられたのだろう。以下、同書の第一版序から引用する。

「あなたのお国の学校には宗教教育はない、と仰しやるのですか」と、この尊敬すべき教授が質問した。「ありません」と私が答へるや否や、彼は打驚いて突然歩を停め、「宗教なし！　どうして道徳教育を授けるのですか」と、繰返し言ったその声を私は容易に忘れ得ない。当時この質問は私をまごつかせた。私は之に即答出来なかった。と言ふのは、私が少年時代に学んだ道徳の教は学校で教へられたのではなかったから。私は、私の正邪善悪の観念を形成して居る各種の要素の分析を始めてから、之等の観念を私の鼻腔に吹き込んだものは武士道であることをやうやく見出したのである（矢内原忠雄訳『武士道』岩波文庫）。（漢字は当用漢字を用いた）

新渡戸氏自身は岩手県の出身で、札幌農学校に学んだ熱心なキリスト教徒である。そういう前提で、私の妄想を述べれば、氏が道徳教育の有無を聞かれたとき、氏の幼少時の経験からしてこれは日本独特の多神教により永年にわたり養われたものだ、と直感されたのに違いない。だがそう言ってしまうと、土着の邪教を信じる野蛮人がなにを言うか、といわれかねないので、やむなく「之等の観念を私の鼻腔に吹き込んだものは武士道であることをやうやく見出したのである」として、当時のベストセラー『武士道』を英語で書かれたのだと考える。

また先に述べたイザベラ・バードの前述書『イザベラ・バードの日本紀行　上下』の序章に次の表現がある。

開港場の日本人は外国人との交流のせいで品位が落ち、下卑ている。内陸の人々は「野蛮人」とはおよそほど遠く、親切でやさしくて礼儀正しい。わたしがそうしたように、女性が現地人の従者以外にお供をだれもつけずに外国人のほとんど訪れない地方を一二〇〇マイル旅しても、無礼な扱いや強奪行為にはただの一度も遭わずにすむのである。

これも日本人の精神の中で「正邪善悪の観念を形成して居る各種の要素」が完全に骨肉化していることの証拠であろう。

開港したばかりの当時の日本は、キリスト教国人からみれば、異教を信じる「野蛮国」だった。彼女が旅先で、その先入観を覆される事実を多く体験して、驚いているのである。
また『菊と刀』を書いたルース・ベネディクトは、西欧は罪の文化、日本は恥の文化、と類型づけている。

西欧的な罪の文化では、道徳は絶対的な標準をもつものとされ、個々人が良心による内面的な罪の自覚に基づいて行動を律している。それに対して日本人の生活に見られる恥の文化は、他者の非難や嘲笑を恐れて自らの行動を律するという。したがって前者では、自分の非行を誰一人として知らなくても罪に悩むのに対し、後者では、露見しなければ恥ではなく、思いわずらうことはない、とされる（百科事典マイペディア「罪の文化・恥の文化」の解説）。

『菊と刀』が発表されたとき、この類型つけには、反論が多かったということだが、私も次のように反論しなければならない。
「日本人は、他者の非難や嘲笑を恐れて自らの行動を律しているのではなく、そもそも人間はきれいなものだと思っていて、汚れないように自律しているのである。

つまり西欧では、罪だと知っていて犯すのに対し、日本では汚いことは初めからしないのである。そしてこの意識は、古代から繋がっているものである。」と。

（八）出アフリカの行く末（日本と欧州の違い）

さて、「出アフリカ」後の人類のうち、アジアに向かった集団がオーストラリアにたどり着くのが四万七千年くらい前で、東アジアにもほぼ同時期に到達し、ヨーロッパに現れたのはおよそ四万五千年前といわれている。

前述したとおり、日本にも旧石器時代人が同じころ到達し、その人たちが縄文人になってゆく。

縄文人たちはその後一万年以上、水田の稲作技術を持った弥生人がくるまで、大きな集団との遭遇はなかったとみていい。これは日本が島国であったことが大きく影響しており、そしてそのような地の利が、日本人が「融合」というキーワードに到達できた大きな要素であったと思われる。

出アフリカ後、ヨーロッパに現れた人びとは、どのようなＤＮＡを形成したのだろうか。ヨーロッパは陸続きの大陸で、海のような行く手を遮るものはない。

篠田謙一氏によれば、ヨーロッパには、四万五千年ほど前に私たちの祖先が到達したと考えられているとして、その後、石器の形式が異なるいくつかの狩猟採集民の文化が、集団の交代を伴って栄えた、とされる。

そして、中東からの農耕民（イラン周辺、イスラエル・ヨルダン付近、トルコ中部のアナトリア付近の農耕民）たちが入ってくる。ただ彼らの遺伝的な影響の大きさについては、諸説ある、という。

アナトリア付近の農耕民は、一万一千年以降、西に拡散を始め、七千年前にはイベリア半島に、六千年前には英国に達した、という。しかし狩猟採集民と農耕民の混合の様子は、地域や時代によっても異なるものだった（篠田謙一『前述書』）。

日本では狩猟採集民である縄文人に農耕民たる弥生人が混合する段階で農耕時代に入ったが、ヨーロッパの場合はこれだけではなかった。非常に早い時代に、この上にさらに牧畜民が重なってきたのだ。

篠田氏は前述書で、次のような驚くべきことを述べる。

現在の北方のヨーロッパ人の直接の祖先はすでにヨーロッパにいた狩猟採集民や農耕民ではなく、ユーラシア大陸のステップ（草原帯）の牧畜民である、として、彼らは五千年前にはまだヨーロッパには到達していなかった、という。

5000年ほど前に、ハンガリーからアルタイ山脈の間に広がるステップ地域で、ヤムナヤと呼ばれる牧畜民の文化が生まれます。彼らはゲノム解析の結果、それまでのステップ地域の集団に南方のイランやアルメニアからの集団が合流して形成されたと考えられていますが、車輪を用いたことで瞬く間に広範な地域に拡散を成し遂げました。この集団がヨーロッパの農耕社会の遺伝的な構成を大きく変えることになったのです。

彼らの流入後、ドイツの農民の遺伝子の4分の3がヤムナヤ由来の遺伝子に置き換わりました。ただし、ヤムナヤの流入にも地域差があり、基本的には北方ほど影響が大きかったようです。・・・イギリスでは、ストーンヘンジを造った先住集団が現代人に伝えている遺伝子は1割程度で、残りはヤムナヤに由来するものになっています

（篠田謙一『前述書』）。

つまりヤムナヤなる牧畜民の流入が、遺伝子的にも文化的にもヨーロッパ人の社会に強烈な影響を与え、彼らを現在の北方のヨーロッパ人の直接の祖先とみなければならない、ということである。

そして、このヤムナヤなる集団の流入は、ヨーロッパの言語にも根本的な影響を与える

ほど強烈なものであったと、次のように述べておられる。

ヨーロッパの言語はインド‐ヨーロッパ語族と呼ばれるグループに分類されます。それはヨーロッパに農耕をもたらした人々が話した言語だと捉えられており、アナトリアからヨーロッパに広がった集団とインドに向かった農耕民のグループがいたために、双方に祖語が共通の人々が展開することになったという考え方が支配的でした。しかし、古代ゲノム解析により5000年前以降の大規模なヤムナヤ集団の拡大が明らかになったことで、この言語学の定説にも疑義がもたれるようになりました。拡散の時期と規模を考えると、ヤムナヤ集団がインド‐ヨーロッパ語族の祖語を話していたと考える方が合理的です (篠田謙一『前述書』)。

つまり日本で農耕の弥生時代が始まる二千年も前に、ヨーロッパでは農耕に重なるように、すでに牧畜の時代が始まっていたのである。

日本にはしかし、牧畜という文化形態は入らなかった。

島国であるという地政学的な原因が最大のものであると思われるが、日本が牧畜と無縁だったということは、日本人とヨーロッパ人との間に、後述するように、まさに決定的な文化の違いを生むことになった。
このような違いは、冒頭に述べたアフガニスタンを構成する主な民族であるパシュトゥーン人の、徹底したよそ者嫌いという性格と同じレベルのDNAの発現の違いととらえてよいのだろうか。つまりDNAの発現が環境によって変化した「エピジェネティクス」の例と考えてよいかどうか、である。

ユダヤ人（！）のイザヤ・ベンダサン氏は著書『日本人とユダヤ人』で、次のように述べておられる。

ユーラシア大陸のほとんどすべての民族は、何らかの点で遊牧民に接触し、時には彼らに征服され、その伝統と生活様式をうけついでいる。一方日本人は、過去において、遊牧民と全く接触せず、牧畜をいとなんだ経験の全くない、実に珍しい民族なのである。・・・・日本人の大きな特徴の一つは牧畜生活を全くしなかったこと、遊牧民と全然接触しなかったこと。従って遊牧民的思考と牧畜民的行き方が全く欠如していることである（イザヤ・ベンダサン『日本人とユダヤ人』）。

そして日本人にとって、「米」は命の糧《かて》であるから神聖であるのと全く同じことが、遊牧民（または牧畜民）にとっての「家畜」についていえる、として、つぎのような説明をされる。

昔のユダヤ人にとって、それは羊であった。羊の乳からチーズを作るなどといえば、多くの日本人は驚くであろう。・・・羊であれ、らくだであれ、ろばであれ、すべての家畜の乳はしぼられて、遊牧民には欠かせぬ食料である。その筋《すじ》も内蔵も骨髄も食料、毛は衣料、皮は装身用具、ある場合にはちょうど家具にあたる。また彼らの家すなわち天幕は山羊の毛で、それを張る綱やひも、また楽器の弦も羊の腸である。昔はその肩甲骨が書写板であり、皮は紙であった。「羊は命の糧《かて》」であり、いわば米、否、米以上であった。とすれば日本人が米を神聖視する以上に彼らが羊を神聖視しても不思議ではない（イザヤ・ベンダサン『前述書』）。

たしかに縄文人も犬を飼った。しかし縄文人と犬の関係は、本来狩りをするときの助手のような関係であって、ベンダサン氏がいわれるようなユダヤ人における「命の糧」というような関係ではなかった。

むしろ縄文遺跡の中に、犬を葬った例が多くあることから、縄文人と犬の関係は仕事の仲間というより家族の一員というような、現代における人と犬の関係に近かったのではないだろうか。だから当然ベンダサン氏がいわれるような「家畜」ではなかった。

ちなみに弥生の遺跡には、犬を葬った例はないのだという。


「すべての家畜の乳はしぼられて」という部分も、日本人にははっとさせられる部分である。

日本人は、乳牛というものは常に乳を出すことができる牛と勘違いしている。「遊牧民的思考と牧畜民的行き方が全く欠如している」ことを暴露しているのである。


私は会社員をしていたとき、部下の一人に、実家が北海道で酪農を営んでいる男がいて、その男に散々バカにされたのである。私が乳牛とは常に乳を出している牛と言ったからだ。

その男は、「乳牛だって出産したあとしか乳は出ませんよ。哺乳類とはそういうものですよ。だから乳牛は妊娠と出産をひまなく繰り返さなければいけないんですよ」と言った。

つまり牧畜とは、家畜となる動物の繁殖をコントロールする技術なのだ。

ではほぼ１対１で生まれてくるはずの雄の子牛はどうするのか。これは食用として育てるしかないのだが、そのまま成長して成牛になると繁殖期には猛獣のように凶暴になるから、幼いうちに去勢してしまうのである。つまり睾丸を除去する。こういう去勢という技術があるということさえ、日本人は長い間知らなかったのである。

またベンダサン氏は、日本人に遊牧民的思考と牧畜民的行き方が全く欠如していることの一例として、奴隷制度と宦官《かんがん》がなかったことをあげる。そして

「確かに宦官はなかったが、人身売買はあったし、今もある」という人があるかも知れない。だが、人身売買と奴隷制度は関係がない。奴隷とは人身ではないからである。これは家畜であって、家畜の中に牛や馬や羊がいたようにヒトもおり、家畜が売買されると同様に奴隷も売買されたのであって、これを不思議と思う者がいるわけがなかった（イザヤ・ベンダサン『前述書』）。

と続けられる。

また宦官とは、去勢という雄の家畜に施す処置を施された官僚のことである。彼らには性欲がないので後宮の女性と問題を起こすことがなく、また権力を世襲することもないから、遊牧、牧畜文化を経た欧州諸王朝でもかなり一般的に採用されていた制度である。中でも中国の歴代王朝の事例が有名である。中国の官僚の選抜方法は、科挙という非常に難しい試験であるが、それだけではなかったのだ。官僚に採用されるために自ら去勢をする男があとを絶たなかったなどと聞くと、日本人はもう言葉を失う。

そしてベンダサン氏は遊牧、牧畜文化の行き着く先を語る。

「口蹄疫」という病気がある。これがひとたび侵入すると家畜は全滅するから、この病気にかかった家畜はすぐ殺して焼き捨てねばならない。・・・もしヒト家畜の中に、奇妙な「思想」というヴィールスをもったヒト家畜がいると思われた（または誤認された）場合はどうなるか。その伝染を防ぐためヒト家畜を全部焼き捨てるのが当然の措置であろう。これから先は、ユダヤ人である私には、書くのが苦痛だが、アウシュヴィッツとはまさにそういうものであった。だから、このユダヤ人という、伝染病にかかった家畜は殺されて焼かれた。そして家畜だから、当然のことに、その骨は肥料にされ、その髪は何かの原料にされ、その他、利用しうるものはすべて利用され、その上、遺族には屠殺料《とさつりょう》が請求された（イザヤ・ベンダサン『前述書』）。

日本人は、遊牧、牧畜と無縁だったというだけの理由で生じるこのような格差に、まさに慄然とする以外、ないのである。

このような日本人には理解不能の行動特性は、遊牧、牧畜の始まりがきっかけとなって醸成され、その後のヨーロッパの歴史の進行に従って確定されていったと思われる。つまり冒頭に述べたアフガニスタンのパシュトゥーン人の徹底したよそ者嫌いという性格と同じようなものとして、ヨーロッパ人に共通の、DNAの変化によらない遺伝子発現・エピジェネティクスの例と考えられるのではないだろうか。

ヨーロッパにおける遊牧、牧畜の始まりは、前述の通り今から五千年ほど前。日本では縄文時代にあたり、弥生時代が始まる二千年も前のことである。

その後の歴史の進行は、永く続く戦乱の歴史でもあった。そして、負ければ奴隷、つまり人語を解する家畜とされてしまう、という恐怖にかられた戦乱の歴史であっただろう。

たとえば中世以後の「民族大移動」。

高校の世界史で習うヨーロッパの「民族大移動」は、何回教科書を読んでもさっぱり頭に入らないが、ただ彼らが絶望的な恐怖にかられて移動したのだ、ということは、ベンダサン氏の本を読めば想像できるではないか。

このような状況下で醸成される相手に対する感情は、日本人には想像のしようがないが、強い憎しみといえばそれほど遠いものではないのではなかろうか。

少なくとも、日本人が長い歴史の進行下で醸成した「融合」という感情とはほど遠いものであることは間違いない。

つまりヨーロッパ人の心の底に沈殿してしまったものは、相手を容易に憎むことができるという習性であって、これがヨーロッパ人のＤＮＡの変化によらない遺伝子発現・エピジェネティクスを起動させている本体のような気がする。

ところで日本で牧畜が行われるのは、明治になってからである。

北海道・道南の八雲町は、漁業と酪農の町だ、と前に書いた。北海道酪農の発祥の地だともいわれているという。

ここは旧尾張藩が廃藩置県後の藩士の窮状を救うために北海道に土地を求め、尾張徳川家の事業として藩士たちを開拓に従事させようとした土地なのである。

当時の旧藩主・徳川慶勝《よしかつ》は、彼が派遣した先遣隊が選び、北海道開拓使が無償で貸与した土地が気に入った。

そして古事記にあるスサノヲの和歌「や雲たつ　出雲八重垣　妻ごみに　八重垣つくるその八重垣を」からとって、アイヌ語でユーラップといわれたその土地を「八雲村」と命名した。明治十一年のことである。

この和歌は、ヤマタノヲロチを退治してクシナダヒメと結婚することになったスサノヲが、出雲に適地を求め、須賀《すが》というところに宮を作って住もうとしたときに詠んだ歌だとされる。

つまり徳川慶勝は、寒い未開の土地で開拓に従事する旧藩士たちを、五穀の種と蚕を持って新しい土地・出雲に降りてきたスサノヲに模し、適地を見いだしたとして鼓舞したのである。

この事実からみて、明治初期の旧藩主クラスの武士は、教養としてと言うよりむしろ常識として日本神話の深い知識を持っていたといえよう。

八雲のスサノヲたちはまず米を作ろうとしたのだが、道南の地帯は活火山がいくつもある火山灰地であり、水田にするにはあまりにも水はけがよすぎた。開拓使（北海道道庁の前身）の勧業試験場に相談しても、水田は無理だといわれた。そしていろいろ試行錯誤の結果、酪農にたどりついたのだった（以上、「八雲町史」より）。

彼らの悩みは、酪農とは殺生《せっしょう》ではないか、ということだったと思われる。尾張藩は禅宗の一派・曹洞宗の信者が多いところで、その修証義にモーゼの十戒と同じような十の戒めがあり、その中に「不殺生戒」という殺生を戒める項目があるからである。屠殺《とさつ》は聖なる仕事だ、という牧畜民の常識など知るよしもなかった。どうすれば牛を成仏《じょうぶつ》させてやれるか、と悩んだことであろう。家畜というものをヨーロッパ風に理解することはとうていできなかったのである。

（九）牧畜文化の行く末

前述のヨーロッパ人の行動原理を指標にして、ヨーロッパの歴史を振り返ってみよう。

民族大移動が終わってからも、ヨーロッパでは戦乱が絶えなかった。

時代は大きく下がって、十七世紀には、「三十年戦争」という大きな戦乱があった。

ヨーロッパ中を巻き込んだこの戦争は、フランスのブルボン家と神聖ローマ帝国のハプスブルグ家という二つの王家の抗争が背景にあり、カトリックとプロテスタントの対立という宗教上の対立がからむ、いくつもの戦争からなる非常にわかりにくいものである。

結果、オランダとスイスが独立し、神聖ローマ帝国はドイツから追われてドイツはプロイセンを筆頭とする連邦国家のようになり、ドイツ領だったアルザス地方を獲得したフランスは大陸の最強国になった。


ドイツが一番割を食った。国土は荒廃し、ペストの流行もあって人口が激減した。戦前の一千六百万人が戦後は一千万人になったともいわれる。

一つ確実に言えることは、相手への憎しみが増幅されたことである。

そして、戦争によって奪われた領土は、もう一度戦争をして勝って取り戻さなければならないという欧州に共通の「常識」が芽生えた。
その常識に従い、一八七一年（明治四年）、プロイセンは普仏戦争に勝ってアルザス地方を取り返した。

さらにドイツ帝国の誕生を祝うウィルヘルム二世のドイツ帝国の皇帝として戴冠式を、パリのヴェルサイユ宮殿を借り切って行うという敗戦国フランスのドイツに対する憎しみを増大させるようなことを、わざわざやった。

昔の小学校の教科書に載っていたアルフォンス・ドーデの「最後の授業」は、このときの様子である。

——アメル先生は、アルザスがプロイセン領になって、明日からはドイツ語しか教えてはいけないことになった、と言って、「フランス語の授業をするのは今日が最後です」と教室中を見わたす。そこには元村長や村の老人たちが正装して集まっている。フランツ少年は、今日も学校をさぼろうかとしていた自分を強く恥じる。終業の鐘が鳴ると、先生は蒼白になり、黒板に「フランス、アルザス、アルザス、フランス」と大書し、授業を終えた——

その後フランスは第一次世界大戦でドイツに勝ち、アルザス地方を取り返した。連合国とドイツとの間で締結されたヴェルサイユ条約に基づくものである。この条約は天文学的といわれた膨大な賠償金をドイツに科すことを含み、ドイツに対する報復的な厳しいものだった。

こうして憎しみの連鎖は繋がった。

そしてこの賠償金問題はその後の世界経済に大きな影響を与えた。結局アメリカ資本が世界経済を支配する構造を作り上げたが、一九二九年にアメリカに大恐慌が起きるとそれがヨーロッパに伝わり、世界恐慌となる素地を作ってしまった。

一九三三年、ヴェルサイユ体制打破を公約とするナチス政権が成立、最初から無理な金額だった賠償金は、結局全部支払われることなく消滅してしまったのだ。

そしてやがて第二次世界大戦へと繋がってゆく。

いまにして思えば、日本人はこのような世界史を勉強するとき、あるいは欧米諸国との外交関係を考えるとき、重大なメッセージを感じ取らねばならなかった。それはヨーロッパ人のＤＮＡが発する警告と言ってもいいかもしれない。

つまり「融合」という行動原理を持つ日本人は、ヨーロッパ発の争い、つまりヨーロッパの伝統的「憎しみの連鎖」に首を突っ込む資格はない、という警告である。
言葉を変えれば、遊牧民的思考と牧畜民的行き方が全く欠如している民族が、牧畜民、遊牧民と戦ってはいけない、ということである。人間というものに対する捉え方が根本的に違うからである。

その警告を感じることなく、日本は第二次大戦に結果として首を突っ込み、負け、そして連合国に占領された。

そしてサンフランシスコ講和条約の発効（昭和二十七年（一九五二年）四月二十八日）により太平洋戦争は終わった（調印は昭和二十六年（一九五一年）九月八日）。

日本はそのときやっと主権を取り戻した。

しかし沖縄は依然としてアメリカの占領下にあった。
いや、占領下というより、アメリカはヨーロッパの「常識」に従い、戦争に勝って奪った領土と考えていたにちがいない。東西冷戦下、沖縄という島の地政学上の重要性を言い訳にした。アメリカは移民の国だから、ＤＮＡ的にはヨーロッパと同じなのである。
その領土を奪い返すには、日本はもう一度戦争をして勝たねばならない。

だから「沖縄返還をもってはじめて戦後が終わる」と考える佐藤栄作元首相にとって、この「常識」は極めて邪魔な存在だった。

イザヤ・ベンダサン氏は沖縄返還に成功した佐藤栄作元首相を評し、

米中ソを巧みにあやつり、何と見事な政治的勝利よ！　一滴の血も流さず失われた国土を取り返すとは！と思っているのは私だけではない。西欧の新聞にもそういった論調がみえ、それを日本の新聞は「そねみ」に似た感情を抱いている、と評している（イザヤ・ベンダサン『前述書』）。

ベンダサン氏は、佐藤栄作元首相がヨーロッパの「常識」に反して一滴の血も流さず失われた国土を取り返したことに驚いているのである。

なぜこのようなことが成功したのか。

これは私の妄想であるが、沖縄返還交渉の開始にあたり、佐藤栄作元首相は太平洋戦争に関し原爆投下という最悪の非人道的手段を用いたアメリカの国際法違反を攻め立てたに違いない。

これに対しアメリカは「ならば復讐権を放棄したという具体的証拠を見せろ」と日本側に返答したのではないだろうか。

私の妄想の根拠となるのは、第一次佐藤内閣の昭和三十九年十二月四日の閣議決定である。

その内容は、原爆投下の指示者であり、東京大空襲はじめ日本の都市への絨毯爆撃を計画、実行したアメリカのカーチス・ルメイ大将に、航空自衛隊の育成に功績があった、という理由で、勲一等旭日大綬章を授けるというのである。

東京大空襲の犠牲者の遺族から見れば、とうてい許しがたいものである。

当然国会で問題になった。佐藤総理の答弁は「今はアメリカと友好関係があり、功績があるならば、過去は過去として功に報いるのが当然。大国の民とは、いつまでもとらわれず今後の関係、功績を考えて処置していくべきもの」であった（ウィキペディア）。

評論家の山本夏彦氏は、まず昭和二十年三月十日の東京大空襲の実態を次のように記す。

未明、折からの風速三十メートルの強風の中、B29三百五十機は江東区、墨田区、台東区にまたがる地域に約百万発（二千トン）もの焼夷弾を投下。行き場を失って逃げまどう市民に低空から容赦なく機銃掃射を浴びせかけた。死者十万人、負傷者十一万人。その後ルメイは広島・長崎の原爆投下にも関与したという。・・・戦時国際法から見ても許しがたいジェノサイドを指揮したのが、このルメイである。犠牲者の遺族から見れば、「よりによって、なぜこの男に勲章が？」の思いだろう。

さらに

一方、東京大空襲に比肩する蛮行に、英米軍がドイツの都市ドレスデンに対して行なった無差別爆撃がある。指揮官は英国空軍のアーサー・ハリス将軍で、市民三万五千人が犠牲となった。一九九二年ハリス将軍の銅像がロンドン中心部に建てられた際、ドイツ政府は激しく抗議した。

と記される。

そして、「東京裁判の呪縛によって、何よりも廉恥を重んじた日本人は、これほどまでに卑屈になってしまった」と嘆いておられる（嶋中労『座右の山本夏彦』中公新書ラクレより）。


佐藤元首相は終戦から二十年近くもしてから、なぜこんな気が狂ったような閣議決定をしたのか。

「復讐権を放棄したという具体的証拠を見せろ」といわれて、受けたのだ。

こういう保険をかけた状態になったから、アメリカは返還交渉に応じた、と思われる。

これが私の妄想の根拠である。歴史家の検証を待っている。

そしてもう一つの根拠は、勲一等の勲章は天皇陛下の親授が原則なのに、ルメイへは親授されなかったということである。

沖縄返還は昭和四十七年（一九七二年）五月十五日に、アメリカから施政権が返還されることによって完成した。

これによって佐藤元首相にはノーベル平和賞が与えられた。

それから五十年ほど経って、安倍晋三元首相は、北方四島の返却交渉を、大叔父・佐藤栄作元首相のやり方を見習って、失敗した。

つまりロシアのプーチン大統領は、領土とは戦争をして勝って得るものだというヨーロッパの「常識」に従っているからである。これはソ連が政治体制を変えてロシアになったとしても変わらないことなのだ。

まして個人的にいくら仲がよくなったとしても、それによって領土返還交渉が進むはずはないのである。安倍晋三元首相はそれが見抜けなかったといわねばならない。

そもそもスターリンが太平洋戦争の勝者として日本に臨まねばならなかったのは、日露戦争で奪われた樺太の南部と千島列島を奪い返そうとしたからである。

スターリンはあせっていたはずだ。日本が日ソ中立条約があることから、ソ連に連合国との終戦の仲介役を頼んできたからだ。

だからスターリンは、日ソ中立条約を一方的に破って、日本がポツダム宣言を受諾する前に参戦しなければならなかった。ヤルタ会談の密約で、スターリンは中立条約の破棄を米英に了解させている。ちなみに日ソ中立条約は昭和十六年（一九四一年）に締結され有効期限五年であるから、充分有効期間中だった。

そうやってスターリンが奪い返した領土だから、返還せよと言われたって、プーチンだって簡単に返せるわけがないのである。

領土返還を求めるなら、むしろ買い取りを提案した方がよかったかも知れない。

ロシアはアメリカにアラスカを売り渡した実績があるからだ。

しかし先祖の土地を金で売り買いするのか、という反対論で実現しなかった、という話をきいたことがある。惜しいことをした、と思う。

ヨーロッパ人のこういう思考経路は、自分たちが家畜となるか否かという極めて緊張に満ちた長い戦乱の歴史を歩み、憎しみの連鎖を育んできたことに由来するのだと思われる。

ここに、つまり戦争という民族間あるいは国家間の殺し合いに関して、日本人とヨーロッパ人との間の、少なくともＤＮＡの変化によらない遺伝子発現・エピジェネティクスという領域において、極めて大きな差が存在する。それはやはり日本人が牧畜の時代を経なかったという原因によるものであるらしい。

だから彼らの辞書にある「敵」とは、すべて「不倶戴天の敵」すなわち殺すか殺されるかの「敵」であって、日本人がよく使う「敵ながらあっぱれ」などという「敵」はないのである。

したがって、ヨーロッパ人にとって戦争による捕虜とは、たとえ国際法上種々の取り決めはあってもそんなことは関係ない、奴隷、つまり人語を解するただの家畜と見なしているのである。

壮絶な独ソ戦の結果、勝ったスターリンは、ドイツ人の捕虜をシベリアに移送して奴隷としてこき使った。日本人捕虜に対してもシベリアに抑留し、同じことをした。捕虜とは奴隷、人語を解する家畜であるから、それに対する処置をしただけなのである。

第二次世界大戦について述べるとき、どうしても原子爆弾について言及しなければならない。

イザヤ・ベンダサン氏が、ユダヤ人であるがゆえに、アウシュヴィッツについて書くのが苦痛だとおっしゃるのと同じように、日本人である私は原子爆弾について語るのは苦痛である。

なぜなら、終戦のためにはもはや原子爆弾は必要なかったからだ。

ジョン・トーランドは著書『大日本帝国の興亡5』で、「日本政府と軍は中立を保っていたソビエト連邦を介した和平交渉に望みの綱をおいており、その意味では原子爆弾の使用はトルーマン大統領が期待したように、終戦を早める効果は全くなかった」と述べている。

つまり昭和二十年（一九四五年）七月二十六日に出されたポツダム宣言（日本への降伏要求の最終宣言）の受諾の返答をいつ出すかという段階にあって、その前に「中立国」ソ連による連合国への和平の仲介を期待していたために、返答が遅れたのだ。日本とソ連の間には、日ソ中立条約が機能していたから、ソ連は中立国だったのだ。

そのソ連は前述のように、ヤルタ会談（同年二月四日～十一日）で、日ソ中立条約を一方的に破棄することを米英に了解させている。

知らぬは日本ばかりなり、だったのだ。

ルーズベルト大統領の突然の死（四月十二日）を受けて、副大統領から大統領に就任したハリー・S・トルーマンは、(1)日本本土侵攻による自国民の犠牲者を減らす目的、(2)日本の分割占領を主張するソ連を牽制する目的、(3)日本の降伏を急がせる目的の三つをあげて、原爆使用を決定した。

時系列的に細かく見ていくと、以下の通りである。

まず昭和二十年八月六日、トルーマンは広島に原爆を投下した。その言語につくせぬ甚大な被害は、現代でもなお続いている。

八月八日、ソ連が中立条約の破棄を表明、日本に宣戦布告をし、八月九日、満州へ侵攻した。これを日本の外務省が知るのは八月九日で、和平への望みの綱が切れた瞬間だった。

その八月九日に、長崎に原爆が投下される。広島同様、その被害は現代に続いている。

日本政府は八月十日に、スイス政府を通して次のような抗議文をアメリカ合衆国連邦政府に提出した（ウィキペディア「第二次世界大戦」）。ただし文中長崎の文字がないことから、八月九日の長崎への原爆投下による被害はまだ把握していなかったのだと思われる。


米国は国際法および人道の根本原則を無視して、すでに広範囲にわたり帝国の諸都市に対して無差別爆撃を実施し来り多数の老幼婦女子を殺傷し神社仏閣学校病院一般民家などを倒壊または焼失せしめたり、而していまや新奇にして、かつ従来のいかなる兵器、投射物にも比し得ざる無差別性残虐性を有する本件爆弾を使用せるは人類文化に対する新たなる罪悪なり帝国政府はここに自からの名において、かつまた全人類および文明の名において米国政府を糾弾すると共に即時かかる非人道的兵器の使用を放棄すべきことを厳重に要求す」（ウィキペディア「第二次世界大戦」より）。

この抗議文は、結果として、効いたと思われる。（ウィキペディア「広島市への原爆投下」）。

なぜなら、原爆投下はアメリカが行なったと誰しもわかっているにもかかわらず、それを人のせいにしようという動きがアメリカ政府にあり、それを具体的に促進させようという動きをアメリカ政府にとらせたからだ。

日本の占領政策の一環として、連合国軍最高司令官総司令部（GHQ）の一機関・民間情報教育局（CI&E）が、ウォー・ギルト・インフォーメーション・プログラム（WGIP）と称する日本国民の再教育計画をアメリカ政府の政策として実施したことが、それだ。

具体的には、CI&Eはまず日本の学校教育に手をつけた。すなわち修身、日本歴史及び地理のすべての課程の即時中止を指令し、CI&E作成の宣伝文書「太平洋戦争史」を日本の学校教育の現場深くにまで浸透させたのである。

その結果どうなったか。

文芸評論家・江藤淳氏の著書『閉ざされた言語空間　占領軍の検閲と戦後日本』から、

少し長いが、引用する。

そこにはまず、「日本の軍国主義者」と「国民」とを対立させようという意図が潜められ、この対立を仮構することによって、実際には日本と連合国、特に日本と米国とのあいだの戦いであった大戦を、現実には存在しなかった「軍国主義者」と「国民」とのあいだの戦いにすり替えようとする底意が秘められている。

これは、いうまでもなく、戦争の内在化、あるいは革命化にほかならない。「軍国主義者」と「国民」の対立という架空の図式を導入することによって、「国民」に対する「罪」を犯したのも、「現在および将来の日本の苦難と窮乏」も、すべて「軍国主義者」の責任であって、米国には何らの責任もないという論理が成立可能になる。大都市の無差別爆撃も、広島・長崎への原爆投下も、「軍国主義者」が悪かったから起った災厄であって、実際には爆弾を落した米国人には少しも悪いところはない、ということになるのである。

そして、もしこの架空の対立の図式を、現実と錯覚し、あるいは何らかの理由で錯覚したふりをする日本人が出現すれば、CI&Eの「ウォー・ギルト・インフォーメーション・プログラム」は、一応初期の目的を達成したといってよい。つまり、そのとき、日本における伝統的秩序破壊のための、永久革命の図式が成立する。以後日本人が大戦のために傾注した夥しいエネルギーは、二度と米国に向けられることなく、もっぱら「軍国主義者」と旧秩序の破壊に向けられるにちがいないから。……
占領初期の昭和二十年から昭和二十三年にいたる段階では、「ウォー・ギルト・インフォーメーション・プログラム」は、かならずしもＣＩ＆Ｅの期待通りの成果をあげるにはいたっていなかった。しかし、その効果は、占領が終了して一世代以上を経過した近年になってから、次第に顕著なものになりつつあるように思われる。

なぜなら、教科書論争も、昭和五十七年（一九八二）夏の中・韓両国に対する鈴木内閣の屈辱的な土下座外交も、「おしん」も、「山河燃ゆ」も、本多勝一記者の〝南京虐殺〟に対する異常な熱中ぶりもそのすべてが、昭和二十年（一九四五）十二月八日を期して各紙に連載を命じられた、「太平洋戦争史」と題するＣＩ＆Ｅ製の宣伝文書に端を発する空騒ぎだと、いわざるを得ないからである。そして騒ぎが大きい割には、そのいずれもが不思議に空虚な響きを発するのは、おそらく淵源となっている文書そのものが、一片の宣伝文書に過ぎないためにちがいない。

占領終了後、すでに一世代以上が経過しているというのに、いまだにＣＩ＆Ｅの宣伝文書の言葉を、いつまでもおうむ返しに繰り返しつづけているのは、考えようによっては天下の奇観というほかはないが、これは一つには戦後日本の歴史記述の大部分が、「太平洋戦争史」で規定されたパラダイムを、依然として墨守しつづけているためであり、さらにはそのような歴史記述をテクストとして教育された戦後生まれの世代が、次第に社会の中堅を占めつつあるからである（江藤淳『閉ざされた言語空間占領軍の検閲と戦後日本』）。

いま私は江藤氏の著書を文藝春秋の文庫本で見ているが、初出は雑誌「諸君！」の昭和五十七年二月号である。そのとき「次第に社会の中堅を占めつつある戦後生まれの世代」は現在もう老境に達し、あるいはすでにこの世から去っている。

だから「ウォー・ギルト・インフォーメーション・プログラム」の成果は完全に定着したと判断せざるをえないのである。

さらに江藤氏は同書で、極東国際軍事裁判についても次のように述べる。

極東国際軍事裁判は、それ自体が大仕掛けな「ウォー・ギルト・インフォーメーション・プログラム」であったのみならず、日本人から自己の歴史と歴史への信頼を、将来ともに根こそぎ「奪い」去ろうとする組織的かつ執拗な意図を潜ませていたのである。・・・・いうまでもなく、それは、すでにあの「ウォー・ギルト・インフォーメーション・プログラム」に明示されていた通り、日本人のアイデンティティーと自己の歴史に対する信頼を、あらゆる手段を用いて崩壊させずんば止まずという執拗な継続的意図に支えられていた（江藤淳『前述書』）。

時代とともに完全に定着したこの政策の最大の成果は、日本人に、「昔の日本は悪かった」という歴史観を植え付けたことだと判断する。

私は、この史観を象徴するものとして、広島の原爆死没者慰霊碑に刻された「安らかに眠ってください。過ちは繰り返しませぬから」という言葉があると思っていた。

小野田寛郎氏が終戦後三十年を経てフィリピンから帰還したあと、広島でこの碑の言葉を読んで、「アメリカもまともなことを言うようになったか」と言ったと記憶している。

そのあとで、彼は絶句した。

だれが読んでもそう読めるのに、過ちを繰り返さないのは日本人だということだと知ったのだ。

しかし日本人は、古代から繋がる「融合」の精神と、それから派生した相手の立場を思いやるある種の「協調」の精神に基づいて、当時の広島市長・浜井信三氏の心中を「忖度《そんたく》」しなければならない。

なぜなら日本は、昭和二十七年（一九五二年）四月二十八日まで、アメリカの占領下にあり、そのアメリカ占領下の国会において、「広島平和記念都市建設法」という法律が可決された。その後日本国憲法第九十五条による初の住民投票により過半数賛成を得て、この法律は公布・施行されたのである。そしてこの法律の精神に基づいて「原爆死没者慰霊碑」の建立が計画された。

法律の成立過程で、そして慰霊碑にどういう碑文を書くかについて、アメリカからとてつもない圧力が陰に陽にかかったはずである。なにせアメリカは、人類史上はじめて原爆という非人道的武器を使って一般市民を大量に虐殺するという国際法違反をした。この事実を人のせいにしなければならなかった。そのためのアメリカ政府の政策「ウォー・ギルト・インフォーメーション・プログラム」が進行中だったのだ。

だから私は、当時の広島市長・浜井信三氏の心中はいかばかりだったか、と忖度申し上げるのである。

この碑文についての論争は永く続いたが、様々な経緯を経て、いまではこの文章の主語は「人類」である、ということが公式見解となった、という（ウィキペディア「原爆死没者慰霊碑」の項）。ただし現在もくすぶり続けているのだという。

論争が続く中で、はたして犠牲者の霊は、浮かばれたのだろうか。

これが本質でなければならない。

その本質を求めて、その後の歴史をたどってみる。

皆様のおかげで、スターリンの北海道侵攻が防げた、と言ったら、浮かばれてくださるだろうか。

朝鮮戦争（昭和二十五年（一九五〇年）六月二十五日〜）のさなかの一九五一年の四月末、アメリカの情報当局はソ連の北海道侵略の可能性が高まっていると判断し、北海道駐屯の米軍は警戒待機体制をとった。

米軍が朝鮮半島から戻ってくるまでの間、できたばかりの警察予備隊が応戦することになっていたが、充分な装備がない警察予備隊が持ちこたえられるはずはない。

だから米軍としては北海道を放棄し、仙台まで防衛線を下げるつもりだった、という。

スターリンがこの作戦をとらなかったのは、広島・長崎の被害の悲惨さを知ったがゆえに、アメリカに原爆で攻撃されるのが恐ろしかったためだ、という（江崎道朗『朝鮮戦争と日本・台湾「侵略」工作』）。

（十）背伸びの日本

前述したように、篠田謙一氏は考古学的資料から、「縄文人は平均身長は男性で158センチ、女性で148センチ程度と低いのです。」と述べておられる。

弥生人は縄文人より平均5センチほど高くなるとのことであるが、この体型は、モンゴロイドとしての外貌とともに、日本人のＤＮＡに刻まれて現代まで続いているものである。

近代になって、この日本人の体型および外貌が、西欧との文化的な遅れに対する意識と合体して、西欧に対するいわれのない劣等感の源泉の一つになった。

夏目漱石がロンドン滞在中、「向こうから短躯のみにくい奴が来た、と思ったら、ガラス戸に写った自分の姿だった」と日記に書いているのは、その例の一つである。

つまり開国後、日本人は西欧との文化的な遅れを解消しようと、一生懸命背伸びをしたのだ。

福沢諭吉は『学問のすすめ』を書いてあおった。当時のベストセラーは、早く西欧に追いつかねばならないという国民総意の形成に大いに資したのである。

札幌農学校のクラーク博士や、政府の法律顧問としてフランスから招かれたボアソナード博士などの御雇外国人《おやといがいこくじん》に指導を仰ぎ、そして同時に留学が奨励された。西欧文化を学び、早く帰国して西欧文化の指導者になれというのである。明治四年十二月に日本を出発した「岩倉使節団」と同じ船に、津田梅子（当時満六歳）、永井繁子（満八歳）を含む四十三名の留学生が乗っていた。金子健太郎は小学生だった。

また西欧の風俗、習慣を取り入れようと、鹿鳴館を建設し、国賓の接待や舞踏会、皇族や上流婦人のバザーなどを行なった。

しかし当時は日本の上流階級の婦人とて西洋式舞踏会や食事のエチケット、マナーなど知るよしもなく、西洋人の目からすれば全く様にならないものだった。ずいぶんバカにされたようである。

鹿鳴館外交は国内の評判も悪く、間もなく中止されることになった。

ただ、「岩倉使節団」と同じ船でアメリカに留学してすでに帰国していた津田梅子、山川捨松、永井繁子の三人は鹿鳴館の舞踏会にかり出され、注目を集めた。彼女らにとっては、舞踏会はアメリカで日常的に経験したことであり、エチケット、マナーなどはお手の物だったのだ。

名門女子大ヴァッサー・カレッジの音楽科を卒業した永井繁子は日本最初の女流ピアニストとして鹿鳴館の舞踏会でウェーバーの「舞踏への勧誘」を弾きまくった（生田澄江『舞踏への勧誘』）。そのときのアップライト・ピアノは、まだヤマハもカワイもないときだから、おそらく欧州のどこかの国の公使館が持ち込んだベーゼンドルファーだったか。

また日本女性としては長身だった山川捨松の夜会服に身を包んだ姿は、欧州の基準に照らさずとも、十分美しかったのだ。


小説『姿三四郎』に、鹿鳴館で外国人に暴行されそうになった日本女性を、主人公・姿三四郎が救う、という一節がある。三四郎は、得意技「山嵐」で不逞外国人を池の中に投げ飛ばしたのだ。三四郎のモデルは、嘉納治五郎の四天王の一人、西郷四郎といわれている。

その西郷四郎は、ある時期から、四天王に課せられた柔道の普及という役目から離れて、清国の近代化という別次元の仕事に没頭するようになる。宮崎滔天と同じ路線である。

外国人と比べて小柄だった当時の青年たちは柔道を学び、武器を捨てて最後の一対一の格闘になったら絶対に負けない、という自信を得た上で、日本を離れたのだ。

嘉納治五郎が柔道を創設した原点に、自身の虚弱な体質から強力な者に負けていたことを悔しく思っていた、という心情があるという（ウィキペディア）。

古代から続く日本人の特徴が、新しい文化を生んだ一例である。

また近代的法治国家の第一の資格ともいうべき大日本帝国憲法が、明治二十二年（一八八九年）二月十一日に発布された。

この日、「一等国への切符を手にした」という喜びの声が国中にあふれたのだった。

同時に、東京では街角という街角で四斗樽の鏡が割られ、酔っ払いもそこら中にあふれたと当時の新聞が伝えている。

そもそも開国後まもなくから、自由民権運動という憲法制定や国会開設などの政治運動が各地で頻発しており、憲法私案もあちこちで作られていたのである。

政府はこれらの運動をむしろ弾圧したのだが、欽定憲法（君主によって制定された憲法）として一旦決まれば、やはり一等国という開国以来の目標に近づいたという喜びが勝ったのであろう。

だが憲法発布のまさにその日に、文部大臣・森有礼《もりありのり》が、国粋主義者によって刺殺されてしまう。

森有礼は、津田梅子らをアメリカ東海岸の牧師宅にホームステイさせるなど、少女たちのアメリカ留学中、在米公使館の代理公使として、一切の面倒をみたのである。

ただ日本語をやめて英語を国語にしようともしていた。

「これ以上の西洋かぶれは許さん」。これが国粋主義者の言い分だった。

気に入らなければ刺殺する・・・これでは一等国への道はまだまだ険しかったとしか言い様がない。

だが、切符を手にして向かう目的地たる一等国とは何か。

欧州を構成する先進国が主体だとすれば、それらの国々は、歴史上お互いへの憎しみと恨みが幾重にも絡み合い、隙あらば相手を陥れ、すぐ喧嘩を始めるという習性を持っているのだ。

このような一等国の本性に気づきつつも日本は一等国に上り詰め、あるいはそう錯覚し、結局その習性に巻き込まれて戦争に負け、占領されてしまうのである。

（十二）滅亡の日本

アメリカは日本を本気で滅ぼそうとしていた。地方都市までを含む絨毯爆撃、そして原爆二発。そして九州と千葉県九十九里浜へ上陸しての本土決戦をやるつもりだった。

こういうアメリカの心境は、牧畜の経験のない日本人には理解しにくいところである。彼らは絶対に負けるわけにはいかなかったのだ。負ければ奴隷（家畜）扱いされるという恐怖があったはずで、これはつまり彼らのＤＮＡの発現に基づくものなのだからだ。

ＧＨＱの占領政策の中に、「神道指令」というものがある。「国家神道、神社神道ニ対スル政府ノ保証、支援、保全、監督並ニ公布ノ廃止ニ関スル件」とするこの指令は、信教の自由の確立、軍国主義の排除、国家神道の廃止による政教分離を目指すものだ、という名目で行なわれた。

しかし実態は、日本の歴史的精神的基盤である多神教を否定しようとして、日本を精神的に滅ぼそうとしたのであろう。しかも日本の神話は天皇家の由来を語るものであるから、ポツダム宣言受け入れの条件の一つであった国体の護持、つまり天皇制の維持という条件を破壊しようという意図が込められていた、とも解釈することができる。

まさに、イギリスの歴史哲学者・アーノルド・トインビー（一八八九－一九七五）の、「十二、三歳までに民族の神話を学ばなかった民族は、例外なく滅んでいる」という言葉に悪乗りしたのだとも思える。

この言葉をそのとおり解釈すれば、日本はすでに滅亡していると言った方がいい。なぜなら戦後の日本は、神話の教育を放棄しており、しかも神話教育を受けなかった年代がすでに老齢、あるいはもうこの世を去っているからである。

私はあるとき、フヂタミツコ著『カミサマノオハナシ』が国会図書館から消えてしまっていることを発見した。

この事実は、評論家の西尾幹二氏が「ＧＨＱ焚書図書開封」という研究を十二報にわたって発表されていることと関係がある。

西尾氏の研究は、ポツダム宣言により保証された言論の自由をアメリカ側が破っているという趣旨での告発であるが、アメリカ政府の占領政策すなわち「ウォー・ギルト・インフォーメーション・プログラム」という政策に合わない書籍を全部破棄・抹殺するという暴挙をアメリカが日本占領時に行ったことに対する抗議でもある。

『カミサマノオハナシ』が西尾幹二氏の「GHQ焚書図書開封」のリストに含まれているかどうかは調べたことはないが、おそらく含まれていると思われる。

だが、『カミサマノオハナシ』は、令和元年五月に復刻されたことを知った。

復刻元は、著者フヂタミツコがかつて創立した大阪市阿倍野区の赤橋幼稚園母の会であり、初版本も昭和十五年に同所から発行されたものであることも知った。

上皇陛下がご幼少のころ、この本をよく読まれたと知ったのは、復刻完成を報道するテレビ画面からだったか。

私は昭和十五年発行の初版本で、古事記の神々を知ることになったのである。

幼少の日本人は、ぜひこの本で日本の神々に親しんでもらいたいと切望する。

（十二）勝利の日本、そしてふたたび敗戦

日本の復興は早かった。

終戦の昭和二十年（一九四五年）、二十一年ころこそ、食料が不足し、厳しい耐乏生活を余儀なくされた。欧州では戦勝国のイギリスでさえ食料統制が一九五〇年代まで続いたといわれるが、日本は一九四七年ころには生活必需品や食料の配給は終了し、通常に戻った、とされる（ウィキペディア「第二次世界大戦」の項）。


これはひとえに、日本人は働くことに喜びを感じてきたからである。

いまでは物作りが好きで得意だ、と言い換えられている。

だから、「あの人は『職人』だ」といえば、それは最大の賛辞なのである。

この点は、労働を神から与えられた罰と捉える一神教の民族とは、まさに決定的に違うところである。


古事記を確認してみると、三浦佑之氏は、アシナヅチは労働者階級の神だ、と言っておられる。スサノヲが高天原を追われて出雲に着いたとき、娘がヤマタノオロチに食われそうだ、と言って嘆いたあのおじいさんである。

「神にもさまざまな職能や階級があり、その中で労働をになう神がアシナヅチとそのつれあいのテナヅチである」（三浦佑之『前述書』）。

労働者階級の神だといっても、農業関係の労働者の神らしい。娘のクシナダヒメは稲田の女神であるからだ、という。

他の業界の神はどうかというと、「火」に関する業界については、カナヤマビコ、ハニヤスビコなどがある。

カナヤマ（鉄山）やハニ（埴、赤土）などの自然を原料として、「火」の力が加えられることによって人類の知の成果ともいえる鉄器や土器が生み成されるところに、火の魔力と魅力が象徴的に示されているということができるのではなかろうか（三浦佑之『前述書』）。

ただこれらの神々は、イザナミが死の床についていたとき、彼女の嘔吐物から生まれた神々なので、介護や看護の神かとも思えるが、それは少し現代的に過ぎる解釈かもしれない。

日本人はこれら多神教のそれぞれの担当分野の神々に仕事の無事を祈り、見ていてもらおうとしてきたのである。

仕事が好きな日本人一人一人が社会、あるいは企業の中で自分の役割をよく自覚し、最善をつくしていたとき、日本はジャパン・アズ・ナンバーワンといわれていたのである。

一九八〇年代のことである。

当時の日本では、末端の一工場労働者であっても、コストダウンのための工程改善の提案をどしどし出すことが一般的だった。会社も提案を奨励し、報奨金を出し、よいものであれば採用したのである。

仕事を単に給料をもらうための手段と考えている欧米の労働者など、敵《かな》うわけはなかったのだ。

結果として、一九六五年以後、日米間の貿易収支が逆転し、アメリカの対日赤字が恒常化していった。一九八〇年代前半、アメリカの莫大な経常赤字、日本の輸出激増となり、一九八五年には、対日赤字は五百億ドルという巨額になったという。日本はハイテク景気といわれた。

アメリカの社会学者・エズラ・ヴォーゲルは著書『ジャパン・アズ・ナンバーワン』の中で、日本の高い経済成長の基盤となったのは、日本人の学習への意欲と読書習慣である、としているという（ウィキペディア「ジャパン・アズ・ナンバーワン」の項）。

そういうことも確かにあるかも知れない。

だが彼は、日本人の仕事好きは日本の古代から続く天性だ、ということを見落としている。キリスト教国の人には想像できないことかも知れない。

日本は戦争に負けたが、古代から続く天性によって経済では勝ったのだ。戦後二十年くらいして、勝利が確定した。

日本は戦争の仇を経済でとったといえるのではないか。

エンパイアステートビルを日本人が買うというところまで行った。

国土ではないが、こういう自国の象徴のような固定資産が他国の手にわたるということは、アメリカとしては看過できないところである。なんとかしなければならない。

しかも貿易赤字のほか財政赤字も巨額で、双子の赤字といわれた。しかし負けっぱなしではいられない。かといって、労働は神が与えた罰だから仕事嫌いの労働者をどう働かせばいいのかわからない。

そこでとりあえず貿易赤字の解消を為替操作によって成し遂げようと考えた。レーガノミクスからの決別である。

ドル安路線をとらねばならない。とくに円高ドル安は必須である。

そこでニューヨークのプラザホテルに各国の蔵相、中央銀行の総裁を呼びつけ、話し合いをした。竹下登蔵相の時代である。首相は中曽根康弘氏、日銀総裁は澄田智という人だった。

そして「プラザ合意」といわれる妥協案ができあがった。昭和六十年（一九八五年）九月二十二日のことである。

そのとき235円／$だった為替レートが一日で210円／$となり、一年後には150円になった。

これが「失われた二十年の起点」といわれた妥協である。

この妥協がなぜ生まれたか。その原因こそ、日本人のＤＮＡに刻まれていると思われる「融合」の精神である。レーガン大統領の立場を理解し、妥協してあげたのだ。

だが急激な円高を迎えた結果、日本の企業は徹底したコストダウンを迫られることになった。アメリカの復讐が始まったのだ。

制度を変えることによってそれを達成しようとした。

企業の株式は、日本の会社同士の持ち合いが困難になり、外国の投資会社が参入してきた。

物を言う株主である。彼らは株式価値の増大を求め、とりあえずの利益を上げることを要求した。

それ以前は、従業員は会社の重要な資産であって、単に費用を生むだけのものではないと考えられていた。しかしコストダウンのために人件費に手を付けねばならなくなり、人員の削減あるいは社会保険料の削減のための臨時労働者の採用などに踏み切らねばならなかった。日本の伝統が断ち切られ、これによって日本は再度、負けることになってしまった。

「失われた二十年の起点」が過ぎ、現在もまだ続いている。

（十三）一つの提案

日本もこのままですますわけにはいかない。

日本にどのような手段が残されているだろうか。

これは経済の問題ととらえると非常に難しく、多くの人がそれぞれの立場から解決策を提案されてきたことだと思う。


しかし日本人の国民性を考察する立場からいうと、提案できることが一つある。

それは、日本の社会が日本人の国民性に沿って動くように作り直す、ということである。

もちろん企業もその中に含まれる。

言葉を変えれば、日本人のＤＮＡが発現することを大切にせよ、ということである。

具体的にいうと、国民一人一人が大切にされ、その能力に応じて懸命に働く社会に構築し直すことである。

前段で書いたように、ジャパン・アズ・ナンバーワンの時代には、日本の社会はそのように動いていたのだ。

もちろんこの提案に限界があることはよくわかっている。

では日本人の国民性とはなにか。

それは日本人の「働くこと好き」である。

日本人は仕事も好きだが、働くこと自体が好きなのだ。

これこそ縄文時代に始まり、弥生時代を経て近世、現代に至るまで日本人が培ってきた国民性の正体であり、牧畜を経験した民族にはないものである。


日本人は縄文時代から働くことは好きだったのだ。

前に述べた巨木を立てることもそうである。金属の機械などない時代、直径1メートルもある木を石の斧で切り倒すことは大変な作業だったはずだ。その枝を払い、それを空間認識によって定めた然るべき場所に運ばねばならない。トレーラーなどないのだ。そして立てる場所は、立てた木が倒れないように深い穴を掘らねばならない。

好きだからこういうことができたのである。

小林達雄氏は前述書で、縄文時代の早期（約9000～7000年前）に始まった記念物（モニュメント）の構築について述べておられる。記念物（モニュメント）とは、日常的な生活とはつながりが見えない奇妙なもので、石を使うもの、巨木を立てるもの、土を盛り上げて土手を築いていくという三つの手法があるとされた上で、記念物というのはいつも未完成です。そういう特徴があります。しかし縄文人は未完成とは思っていません。いつもその時々で完成しているとみるべきです。・・・そして、記念物は何の腹の足しにもなりません。みんなでそれにかかわると、腹がすく一方です。それでもあんなものを作っている（小林達雄『前述書』）。

と述べられたあと、秋田県鹿角《かづの》市十和田大湯《おおゆ》にある環状列石（ストーンサークル）について言及される。

あれだけのものを構築するには、もちろん1日や2日ではできません。1年のうちたぶん夏の何日間か（私は夏だと思いますが、その根拠はここでは触れません）、辺り近郷のムラのそれぞれの働き手が全部集まって、一定期間、石を運んできてそこへ並べていったのだと思います。それを２００年以上繰り返したわけです。

大場のストーンサークルで使っている石は、遺跡の7キロぐらい上流から持って来ています。・・・1人や2人では、もちろん動かせない、とても大きなものもありま す。それをいちいち運び込む。少なくとも土器様式が2つ変わるくらいの期間、大ざっぱに言って一段階１００年とすれば、２００年くらいかけてあのストーンサークルは造られているのです（小林達雄『前述書』）。

このようなものが、ただ好きなだけで造れるのだろうか、という疑問がわく。

小林氏は前述書で、

なぜ記念物を造るのか。これは彼らの世界観を表現したものです。

と言っておられる。

考古学の現場を見たことさえない素人の私がこんなことを言うのをお許しねがいたいのだが、私は、縄文人は働くことが好きなだけでなく、尊いものだと思っていて、とくにストーンサークルは、その尊いものを縄文人が恐れ敬うナニモノカに奉納するための場所だと考えていたのでないか、と思えるのである。

だから縄文人のその思いは縄文語という共通語によって日本各地に伝えられて縄文イデオロギーの一部となり、日本各地の遺跡にストーンサークルをはじめ、記念物が造られたのであろうと思われる。北海道森町の鷲の木遺跡にもストーンサークルがある。

弥生時代、神話の時代になってこの伝統は引き継がれた。だから八百万《やおよろず》の神々は自分の担当業務を持ち、その分野で働く人びとが間違えないかどうか、見ていたのである。そしてこの伝統は現在に引き継がれて、日本人の国民性を形成していると思うのである。

日本人のＤＮＡに、あるいは刻まれていることであろう。

言葉を変えてさらに広い観点からみても、古くから培われたこの日本人の国民性は、現在でも充分健全に引き継がれている。なぜなら多くの日本人が、冒頭に述べた中村哲医師の行為を崇高なものとして強く共感しているからである。

私の提言、「国民一人一人が大切にされ、その能力に応じて懸命に働く社会に構築し直すこと」の根拠はこういうことである。

時間はかかるかもしれないが、このように日本は動けば、必ず今の状態から脱することができるだろうと考える。

具体的には、まず企業についていえば、従業員は会社の重要な資産であるという精神に立ち返ることである。これが日本人のＤＮＡが発現する働き好き、ものつくり好きの精神を取り戻すことであり、言い方を変えれば、企業は株主のものではなく、従業員のものであるという精神を取り戻すことになる。

だから経営者にはしっかりしてもらわなければならない。株主の命ずるままに短期に利益をあげることに汲々としてはならないということである。

企業はため込んだ剰余金をまず従業員の給与アップに投下し、そして従業員が日本人の国民性が生かせるような組織作り、制度作り、その運営に投下すべきである。

岸田現総理のいわれる新資本主義とは、日本人の国民性を生かしたこういうものでなければならないと思うが、いかがか。


前段で書いたことをもう一度書くと、当時の日本では、末端の一工場労働者であっても、コストダウンのための工程改善の提案をどしどし出すことが一般的だった。会社も提案を奨励し、報奨金を出し、よいものであれば採用したのである。

仕事を単に給料をもらうための手段、あるいは神からあたえられた罰だと考えている欧米の労働者など、敵《かな》うわけはなかったのだ。

こういう状態を再現できれば、おのずとジャパン・アズ・ナンバーワンの時代に戻れるのではないだろうか。

昔は、いや今でも一部行なわれているが、日本の会社の社員教育はいわゆるＯＪＴ（オン・ザ・ジョブ・トレーニング）というもので、仕事をやりながら仕事を覚えていくものであった。仕事好きの先輩からよく教えてもらい、自分も仕事が好きになるのである。そこには当然濃密な人間関係が生まれ、会社が一つの大きな家庭のような形で運営されていた。

いまでもこのように運営されている企業はいくつもあることは確かである。固有名詞をあげて恐縮であるが、たとえばごく最近の新聞記事から「ワクチン　醤油会社の技」(読売新聞二〇二一年十月十三日付け夕刊一面)という話を紹介したい。千葉県銚子市に本社を置くヤマサ醤油株式会社という会社の事例である。

一六四五年創業のヤマサ醤油は、永年、醤油に含まれるうまみ成分の研究を続けてきた。そのうまみ成分とはＤＮＡの構成成分が主体であることがわかり、研究をさらに推し進めて、一九七〇年代に医薬品分野に参入することにした。ＤＮＡの構成成分を医薬用に提供する、という仕事を始めた。

現在のファイザーやモデルナなどのｍＲＮＡを用いる新型コロナワクチンは、ヤマサ醤油が供給するシュードウリジンという原料を使うことで、はじめて開発に成功したのである。

ヤマサ醤油の研究員たちは、好きでやってきた永年の仕事が、こんなことに役立つとは思ってもいなかったはずである。

この研究を進めたのはハンガリー人のカリコー・カタリン博士であるが、ハンガリー科学アカデミー主催の彼女の講演会がネットで公開されており、それにより開発の経過を知ることができる。言語はハンガリー語だが、字幕が日本語なので、日本人にもわかる。

カリコー博士はノーベル医学・生理学賞受賞の呼び声が高かったが、２０２２年度では受賞されなかった。あるいはワクチンの副反応が問題にされたのかもしれない。

ノーベル賞との関連でいえば、静岡県浜松市にある浜松ホトニクス株式会社という会社の光電子増倍管の技術が有名である。世界市場占有率が９割ということだが、大口径のものはこの会社にしかできないといわれる。

東京大学が、岐阜県の神岡鉱山の地下に純水を蓄えたプールの中に、大口径光電子増倍管を敷き詰めた装置を作った。水中を走った荷電粒子から発する光をとらえるためである。心臓部分の倍増管は、浜松ホトニクスに特注した。

初期の装置「カミオカンデ」により二〇〇二年、素粒子の一つ・ニュートリノの観測に成功したという業績で小柴昌俊氏が、また次世代の装置「スーパーカミオカンデ」により二〇一五年、ニュートリノに質量があることを発見したという業績で梶田隆章氏がそれぞれノーベル物理学賞を受賞された。

この二つの受賞は、この会社の技術がなければありえなかったと言われている。

素人には大口径光電子増倍管を作る技術がどんなにすごいのか、よくわからないが、まさに職人技なのは確かである。それを年長の技術者の指導を受けて、若い工業高校出の技術者たちが完成した。

晝間《ひるま》社長は高く売りたい。しかし小柴先生には予算がない。価格交渉は難航したが、結局社長が「持ってけ、泥棒!」と折れ、非常に安い価格での納入が決まった。このあたりの交渉経過は漫才を見ているようで面白かったのを想い出す。

なお小型のものは最近のPCR検査にも用いられているという。

二〇二二年十二月十八日のTBSテレビ『報道の日二〇二二』特集で、この会社が取り上げられていたが、社長は「光に関することの技術レベルをもっと上げる」、そして「光半導体というものに取り組んでいる」といわれ、また「従業員を解雇したことは一度もありません」という発言は印象的だった。

なお二〇二三年(令和五年)三月二日付けの夕刊読売新聞によれば、「カミオカンデ」は現在、第三世代の「ハイパーカミオカンデ」が建設中である。「陽子崩壊」という未知の現象の観測のためという。もし観測に成功すれば物質には寿命があることになり、世紀の大発見となる。ノーベル賞受賞者が何人か出るであろう。この装置の心臓部分はもちろんこの会社の製品である。

世界のトップ企業・トヨタ自動車も、雇用を大切にしているといわれる。伝統的もの作り精神も旺盛で、究極のエコカーといわれる燃料電池車をすでに販売している事実がある。時代から一歩も二歩も先に行っているのだ。

そして「トヨタ自動車は同社が保有している燃料電池車に関連する特許の実施権を無償で提供すると発表した」、と日本経済新聞が日経テクノロジーオンラインで二〇一五年一月六日付けで報道した。対象となるのは同社が単独で保有している世界で約５６８０件の特許（審査継続中を含む）だという。

つまり地球温暖化防止のために、みんなでやろうよ、ということである。伝統的「融合」精神の発露とみてよい。

こんな発想は、欧米の会社にはなかなか考えられないことである。

トヨタ自動車の読みは「次の一〇〇年は水素燃料の時代になる」であるという。

だから前記特許のうち燃料電池車に関するものは二〇二〇年までとしているのに対し、水素の製造や供給という関係の特許実施権は、期間を限定することなく無償とする、というのだ。

また昔の会社では、先輩は仕事面だけではなく私生活の面でも後輩の面倒をよく見た。独身の後輩には配偶者の紹介などもしたのである。会社自体も、社員の勤務時間外の趣味のサークル活動などを奨励し、予算をつけたりしていた。

そして当時の会社には、若い社員に配偶者を紹介することを趣味とするおせっかいなおじさんやおばさんが何人か必ずいたものである。これは私自身が紹介を受けた経験があるので、確かな事実である。私的なことで申し訳ないが、その女性とはどうやら添い遂げられそうな気配である。

だから当時は、配偶者を見つける道はごく身近にあったのだ。

いま問題の少子化現象も、社会全体がこのような運営がされるようになれば、解決に向かうのではないだろうか。

そうなれば、イザナミノミコトの逆上も、少しは収まるものと思われる。

（十四）終わりに

二〇二二年度のノーベル生理学・医学賞は、スウェーデン出身のスバンテ・ペーボ氏に決定した。

二〇二二年十月四日付けの読売新聞は、「人類学にDNA解析の手法を取り入れ、人類進化の歴史に対する見方を大きく塗り替えたことが評価された。」と述べる。

具体的な業績としては、人類より一足先に「出アフリカ」を果していた旧人ネアンデルタール人のDNA配列の解読に成功したことだ、という。その結果、現代人のゲノムにネアンデルタール人の遺伝子が1～4％受け継がれていることが判明し、その遺伝子の中には、新型コロナウィルス感染症の重症化と関係しているものがあることも突き止めたのだ。またロシアで発掘された骨が未知の旧人のものであることを解明して、デニソワ人と名付け、人類の祖先は彼らとも交雑していたことを解明した（読売新聞）。

同じ記事で、山極寿一《やまぎわじゅいち》京都大学前学長が「ノーベル賞と縁遠かった人類学の研究の受賞とは正直驚いた。人類がどこから来て、どこに行くのか、その本質に迫る研究だ。」と感想を述べておられる。

また本稿でたびたび著書を参考にさせていただいた篠田謙一氏（国立科学博物館館長）が、十一月二十日付けの読売新聞で、ペーボ氏の受賞に関して、「二〇一〇年以降、大量の遺伝情報を高速に読み解く「次世代シーケンサー」を使った成果報告が出てきたことが転換点になった。・・・ペーボ氏の功績も、こうした技術革新に支えられている。」として、DNA研究の今後の可能性について述べておられる。

そして「日本人のルーツをめぐる国内研究は？」という記者の問いかけに対し、

「縄文人」とひとくくりにしていいのか。縄文人は大陸から渡ってきた人々と交雑していたが、その影響が日本の北部と南部で大きな違いがあった可能性がある。地域別の解析が必要だが、今後五年ほどで、現在の記述を大きく書き換えるような重要な成果の報告が相次ぐだろう。

とされている。

私は、北欧神話に出てくる「大男」はネアンデルタール人ではないか、という気がしている。

それが文字化された。「大男」との遭遇や戦い、交雑についての伝承があったのだろう。

今回の受賞は、それがＤＮＡ的に実証されたとみていいのではないか。ニライカナイの言い伝えが、考古学的事実とされたのと同じように。

（完）

参考文献

篠田謙一『新版　日本人になった祖先たち　DNAが解明する多元的構造』（NHK出版NHK BOOKS 1255、二〇一九年三月）
高山正之『昨今の日本の外交官はすぐ逃げる』（月刊WILL、二〇二一年十一月号　ワック）
先崎満『新日本人の起源　神話からDNA科学へ』（勉誠出版、二〇〇九）
関祐二『「縄文」の新常識を知れば日本の謎が解ける』（PHP研究所PHP新書1176、二〇一九年三月）
小林達雄『縄文文化が日本人の未来を拓く』（徳間書店、二〇一八年四月）
イザベラ・バード『イザベラ・バードの日本紀行（上）（下）』時岡敬子訳（講談社講談社学術文庫　二〇〇八年四月）
瀬川拓郎『アイヌと縄文―もうひとつの日本の歴史』（筑摩書房ちくま新書、二〇一六年二月）
司馬遼太郎『オホーツク街道　街道をゆく　38』（朝日新聞社朝日文芸文庫、一九九七年一月）
瀬川拓郎『アイヌ学入門』（講談社講談社現代新書、二〇一五年二月）

倉野憲司　武田祐吉　校注『古事記　祝詞』日本古典文學大系　1（岩波書店）
三浦佑之『読み解き古事記　神話篇』（朝日新聞出版朝日新書、二〇二〇年十月）

新渡戸稲造『武士道』矢内原忠雄訳（岩波書店岩波文庫1795、一九三八年（昭和十三年十月）

Ruth Benedict『The Chrysanthemum and the Sword Patterns of Japanese Culture』(Charles E. Tuttle Company First Tuttle Edition, 一九五四年)

イザヤ・ベンダサン　『日本人とユダヤ人』(角川書店角川ソフィア文庫、一九七一年(昭和四十六年九月)

嶋中労『座右の山本夏彦』(中央公論新社　中公新書ラクレ)

江藤淳『閉ざされた言語空間　占領軍の検閲と戦後日本』(文藝春秋文春文庫、一九九四年一月)

江崎道朗『朝鮮戦争と日本・台湾「侵略」工作』(PHP 研究所 PHP 新書、二〇一九年八月)

生田澄江『舞踏への勧誘』(文芸社、二〇〇三年三月)

日本語版ウィキペディア「第二次世界大戦」二〇二二年十二月十二日アクセス

日本語版ウィキペディア「広島市への原子爆弾投下」二〇二二年十二月十二日アクセス

日本語版ウィキペディア「義経神社」二〇二二年十月十日アクセス

日本語版ウィキペディア「嘉納治五郎」二〇二二年十二月二十日アクセス

日本語版ウィキペディア「三十年戦争」二〇二二年九月二十日アクセス

日本語版ウィキペディア「ジャパン・アズ・ナンバーワン」二〇二二年十二月二十日アクセス

日本語版ウィキペディア「原爆死没者慰霊碑」二〇二二年十二月十二日アクセス

清水正道（しみず　まさみち）

昭和 37 年　東京工業大学　工学部化学工学課程卒業。

化学会社に就職、その後その関連会社に移り、定年まで勤務する。

定年後、日本語教師の資格をとり、中国福建省の日本語学校に 1 年間奉職する。
そのとき見た中国事情を、「定年後の一風景」として文芸社より刊行。
平成２３年より公益財団法人の事務局長として 10 年間勤務。

日本人の国民性
神話と DNA からの考察

令和 5 年 5 月 5 日　初版第一刷発行

著　者　清水正道
発行者　井田真一
発行元　傳書房
〒 270-1166　千葉県我孫子市我孫子 2-5-345
TEL：04-7100-2383　FAX：04-7183-2217
発売元　株式会社教育評論社
〒 103-0027 東京都中央区日本橋三丁目 9 番 1 号
日本橋三丁目スクエア
TEL：03-3241-3485　FAX：03-3241-3486
装　丁　DESIGN　LABO　C-PULS
印刷所　有限会社ケー・ツー社

ISBN978-4-86624-081-7